LES

ADIEUX DE DON JUAN.

LES ADIEUX

DE

DON JUAN

POËME DRAMATIQUE

PAR

ARTHUR DE GOBINEAU.

PARIS.

JULES LABITTE, LIBRAIRE,

QUAI VOLTAIRE, 3.

1844.

TYPOGRAPHIE LACRAMPE ET

PROLOGUE.

PERSONNAGES DU PROLOGUE.

———

DON PAUL, gentilhomme de Salamanque.

DON CÉSAR, son frère.

DON GUILLEN, fils du corrégidor.

DON MANUEL, son ami.

DON GUSMAN,
DON JAIME,
DON JUAN,
DON PEDRO, } étudiants de l'Université.

PEREZ, gouverneur de don Juan.

LES TROIS GOUVERNEURS DES AMIS DE DON JUAN.

BLANDINE, fiancée de don César.

LES VALETS DES JEUNES ÉTUDIANTS.

LES VALETS DE DON GUILLEN.

DES CURIEUX, DES ARCHERS DU GUET, ETC.

———

La scène est à Salamanque

PROLOGUE.

Une promenade publique ; dans le fond, la rivière ; à gauche, quelques maisons ; à droite, l'entrée d'une rue étroite, et un cabaret avec des tables ombragées par des tonnelles.

SCÈNE I.

DON CÉSAR, DON PAUL.

Ils arrivent par la petite rue à droite, et s'embrassent avec tristesse.

DON CÉSAR.

Me voici maintenant aux portes de la ville ;
Recevez mes adieux et rentrez plus tranquille ·
J'aurai dans peu de jours rejoint mon régiment.
Gardons-nous de faiblir en ce dernier moment ;
Oui, fuyons, s'il se peut, ô le meilleur des frères,
L'amertume des pleurs !

DON PAUL.

Dans toutes vos misères,

Vous saurez, n'est-ce pas, préserver votre honneur?

DON CÉSAR.

Je le jure!

DON PAUL.

Agissez comme un homme de cœur.
Désormais, don César, votre vie est changée;
Dans plus d'un embarras vous la verrez plongée.
Souvent, marchant pieds nus et de jour et de nuit,
Ah! vous regretterez notre pauvre réduit.
Vous penserez à nous quand, un jour de bataille,
Vous trouverez à peine un méchant lit de paille.
Rien ne remplacera, dans vos meilleurs moments,
Notre amitié d'enfance et nos épanchements.
Les chefs, vous le savez, affectent la rudesse.
Prenez soin de garder vos vertus de jeunesse;
Plus d'un qui partait simple et vaillant comme vous
Est devenu mauvais, de vivre avec les loups.

DON CÉSAR.

Non, Paul, car dans mon cœur, ainsi que dans un temple,
J'ai votre souvenir, qui sera mon exemple.
Embrassez vos enfants et leur mère pour moi.

DON PAUL.

Je n'agis pas en homme en pleurant comme toi...
Si nous avions, non pas une immense richesse,
Mais du moins ce qu'il faut pour vivre, ma tendresse
Vous dirait de rester.

DON CÉSAR.

Je ne resterais pas ;

Ce serait lâcheté.

DON PAUL.

Tiens ! prends ces dix ducats ;

Ma femme, qui t'aimait bien plus que tu ne penses,

A pu les épargner en bornant nos dépenses.

DON CÉSAR.

Merci, mon frère !

DON PAUL ; il l'embrasse.

Adieu, mon cher enfant, adieu !

DON CÉSAR.

Un jour je reviendrai !

DON PAUL.

N'oubliez jamais Dieu !

SCÈNE II.

DON CÉSAR, traversant rapidement le théâtre, va frapper à la fenêtre
basse d'une maison, à droite ; entre BLANDINE.

DON CÉSAR.

Viens, mon astre, viens luire et dissiper mes larmes ;

Viens ! Pareille au soleil, qui, brillant sur des armes,

Fait oublier partout leurs sinistres forfaits,

Pour ne plus laisser voir que leurs divins reflets,

Oui, viens faire oublier mes tristes destinées,

Toi qui m'aimes !... Consens, charme de mes journées,

A ranimer mon cœur par ces mots caressants
Dont tu connais si bien le pouvoir sur mes sens !
Appelle-moi ton dieu, ton amour, ton seul maître !....
Non que je sois si fou que de me méconnaître :
Je vis et suis heureux de vivre à tes genoux ;
Mais je me sens guéri par des propos si doux.
— As-tu tout préparé ?... Car nous fuyons ensemble ?
As-tu pris tes bijoux et notre argent ?.. Il semble
Que le ciel de mes maux ait quelque repentir,
Car tout nous favorise, et nous pouvons partir.
Allons donc ! le temps court.

BLANDINE.

                Je crains pour notre fuite,
César ; depuis longtemps le bonheur nous évite,
Et comme je vous aime et mourrais loin de vous,
J'ai peur que le destin n'agisse contre nous.

DON CÉSAR.

Folie, encor folie, ò ma chère maîtresse !
Mais folie adorée !... Il n'est que la tendresse
Qui puisse vous jeter dans un effroi si grand !
Ne craignons ni destin, ni tuteur, ni parent.
Quand j'étais écolier et qu'à ma cape noire
J'ajustais maigrement une triste écritoire,
J'avais quelque raison de coudoyer les murs,
De choisir prudemment les coins les plus obscurs,
Et, si je me trouvais, le soir, sur ton passage,

Dans le pan d'un manteau de cacher mon visage.

Guitare en bandoulière, on m'a vu mille fois

M'enfuir, par ce côté, comme un cerf dans les bois ;

Mais maintenant, morbleu! que j'ai brevet d'enseigne,

Les rôles sont changés, et je veux qu'on me craigne.

Ton tuteur, tes parents, et le pape et le roi

N'y pourraient rien ! tu pars pour la guerre avec moi.

C'est ainsi que je prends l'amour avec la gloire.

La gloire!... On la fait triste, et je ne peux le croire !

On me parle toujours de mort et d'hôpital,

Jamais de devenir célèbre et général !

Que c'est fou, que c'est faux ! Puisque je vois des hommes,

Même précisément dans le règne où nous sommes ,

Qui de petits seigneurs sont devenus marquis ,

Et font honneur au titre en l'ayant bien acquis ,

Je ne saurais manquer... Mais quoi ! toujours des larmes !

M'embrasser en pleurant! Grands dieux ! quelles alarmes

Veux-tu donc m'inspirer? Blandine, parle donc !

Parle, si tu ne veux m'irriter !

BLANDINE.

Oh! pardon !

Oui, je devais partir avec toi, mais je n'ose...

J'ai peur qu'un bras puissant à nos vœux ne s'oppose.

DON CÉSAR.

Puissant? qui? ton tuteur?....

BLANDINE.

Pour lui, tu le sais bien,
Absent depuis deux jours, il ne peut nuire en rien ;
Mais il m'est arrivé quelque chose à l'église :
Une femme en haillons près de moi s'est assise
Hier... Elle parlait... et je n'écoutais pas...
Alors elle m'a dit...

DON CÉSAR.

Quoi ?

BLANDINE.

Laisse aller mon bras ;
Tu me fais mal !

DON CÉSAR.

Mais quoi ? Car parmi ces infâmes,
Il n'est d'autre métier que de tromper nos femmes.
Qu'a-t-elle osé te dire ?

BLANDINE, apercevant don Guillen et don Manuel qui paraissent au fond
du théâtre, et s'enfuyant épouvantée.

O César ! ô César !

DON CÉSAR.

Eh bien ! pourquoi t'enfuir ?

En se retournant, il aperçoit les deux gentilshommes, et les regarde avec
hauteur.

SCÈNE III.

DON CÉSAR, DON GUILLEN, DON MANUEL.

DON MANUEL, à son compagnon, montrant don César et Blandine.

Rendons grâce au hasard,

Qui, dès les premiers pas, nous livre le mystère.

DON GUILLEN.

Elle faisait la sotte !

DON MANUEL.

Et savait la bien faire !

Mais laissons de côté tout esprit nonchalant,

Et, sans plus hésiter, abordons son galant.

(A don César.)

Pardon, seigneur soldat; car, si je ne m'abuse,

Pour vous avoir troublé, nous vous devons excuse.

Vous étiez à parfaire un de ces entretiens

Où les plus chers amis, par les meilleurs chrétiens,

Sont, avec très-bon droit, donnés à tous les diables.

Aussi nous en avons des regrets incroyables.

DON CÉSAR.

Laissons cela, monsieur; si vous pensiez ainsi,

Sans m'avoir abordé, vous seriez loin d'ici.

Votre façon d'agir a lieu de me surprendre;

Et, si vous n'avez pas autre chose à m'apprendre...

DON MANUEL.

C'est parler nettement et montrer ce qu'on vaut,

Bien que vous le preniez sur un ton un peu haut.

Mais je veux imiter votre excès de franchise :

Pour un charmant objet nous avons l'âme éprise.

Cet objet, c'est Blandine ; et nous avons juré

Que le premier gagnant, après avoir tiré

De cette belle enfant tout ce qu'il en veut prendre...

Entre les bras de l'autre aura soin de la rendre.

Depuis tantôt huit jours ce projet est conçu,

Et notre espoir commun se trouve un peu déçu.

Nous avons essayé missives et surprises,

Aposté des valets, des femmes bien apprises.

Les lettres, sans les lire, on nous les renvoyait;

L'émissaire, on partait sitôt qu'on le voyait ;

Enfin, confus tous deux d'une vertu si rude,

Et n'ayant de nos jours trouvé pareille prude,

Nous allions nous lasser, et reporter ailleurs

Nos désirs affamés de traitements meilleurs.

Mais Guillen, qui n'est pas un vainqueur des plus minces,

On le sait!... ses exploits font bruit dans nos provinces!

Prétendit, et me fit goûter ce sentiment,

Qu'il fallait que la fille eût déjà quelque amant.

Dès lors il s'agissait d'éclairer ses allures,

Et l'on conçoit que, pour deux coureurs d'aventures

Aussi madrés que nous, c'était faible embarras;

Nous voilà satisfaits dès notre premier pas !

Vous comprenez, monsieur, que nous sommes d'avance

Décidés à pousser jusqu'au bout notre chance.
C'est donc à vous de voir s'il ne convient pas mieux
Que le plus fortuné cède aux plus amoureux.

DON CÉSAR.

Vous m'offririez les clefs des trésors du royaume,
Le secret de la vie enseigné dans un tome,
Et les plus grands honneurs passés, présents, futurs,
Que j'en serais content, mais, soyez-en bien sûrs,
Beaucoup moins que d'avoir entendu ces paroles.
Je ne suis point, messieurs, un diseur d'hyperboles;
Et je voudrais tenir ici, devant mes yeux,
Tous ceux qui sur Blandine ont arrêté leurs vœux,
Tous ceux qui l'ont souillée en la trouvant trop belle!
Mais, comme un tel bonheur n'est pas à qui l'appelle,
Je peux me contenter de celui qui m'échoit.
Je demande raison; j'en ai, j'en prends le droit.

DON GUILLEN.

Cette prétention n'est pas, certe, usurpée.

DON CÉSAR.

Mon terrain, le voici; mon arme, c'est l'épée!

DON MANUEL.

Comment nous battrons-nous?... au premier sang?

DON CÉSAR.

A mort!

DON MANUEL.

Comme il vous conviendra. Je tenterai le sort

Le premier, car c'est moi qui portai la parole.

DON CÉSAR.

Rien de mieux !

DON MANUEL.

Montrons-nous instruits à bonne école !

Ils se battent.

SCÈNE IV.

DON GUILLEN, DON MANUEL, DON CÉSAR, un laquais.

LE LAQUAIS.

(A don Manuel.)

Messieurs, séparez-vous ! Le guet, qui vous a vu,
Accourt !

DON MANUEL, baissant son épée.

Le diable soit du malheur imprévu !
Comme il serait fâcheux d'être pris dans la nasse,
Séparons-nous.

DON CÉSAR.

Il faut, avant que le jour passe,
Nous retrouver.

DON MANUEL.

D'accord !

DON CÉSAR.

Songez qu'avant ce soir
Je dois partir !

DON MANUEL.

Fort bien !

DON GUILLEN.

Fuyez vite !

DON CÉSAR.

Au revoir !

Don Manuel s'enfuit par la gauche, le long de la rivière; don César
se jette entre les maisons, à droite; les archers accourent au fond
du théâtre; arrivés au milieu, ils hésitent quelques instants, aperçoivent
don Manuel et se mettent à sa poursuite; derrière le guet sont venus des
passants, qui s'arrêtent à regarder; don Guillen appelle ses valets, les
groupe autour de lui, et leur parle bas en leur montrant du doigt la
maison de Blandine.

SCÈNE V.

BLANDINE entr'ouvre sa porte, et se tient sur le seuil.

Mon oreille avait cru reconnaître un bruit d'armes ;
Je m'abusais... à moins qu'obscurcis par les larmes,
Mes yeux ne soient troublés autant que ma raison.
Où s'arrête César? Pourquoi vers la maison
N'est-il pas revenu ?... Que voulaient-ils lui dire,
Ceux par qui mon bonheur est devenu martyre ?
Hélas! s'ils devinaient tout le mal qu'ils me font,
S'ils pouvaient concevoir à quel point leur affront
Épouvante mon cœur, torture ma faiblesse,
Sans doute ils auraient honte, et, montrant leur noblesse,
Reconnaîtraient enfin qu'ils ont lieu de pleurer
Tant de lâches efforts pour me déshonorer.
Si César ne vient point, que faut-il que je pense?

Je voudrais et ne peux les réduire au silence,

Ces craintes dont l'aspect malgré moi me poursuit,

Comme un flambeau cherché par les oiseaux de nuit.

Entre César et moi le sort va mettre un voile.

Nous avons tous les deux trop cru dans notre étoile,

Et je doute à présent, tant l'espoir s'est enfui !

Que la faveur du ciel jamais m'unisse à lui.

Mais que cherchent ces gens qui, regardant la terre,

Marchent de mon côté d'un air plein de mystère ?...

J'ai peur !... Que veulent-ils?... Comment s'en préserver ?

César ! c'est à l'instant qu'il faudrait arriver !

Elle rentre dans la maison.

SCÈNE VI.

DON GUILLEN, SES LAQUAIS, LES CURIEUX.

DON GUILLEN.

Maladroits ! Il fallait mieux écouter mon ordre !

Vous auriez affecté de marcher en désordre,

Vous n'auriez point jeté les yeux de son côté,

Et nous l'eussions saisie en toute liberté.

Maintenant il faudra faire sauter la porte,

Et ce sera plus long et dangereux... N'importe !

Détachez la serrure avec ce long poignard.

UN LAQUAIS.

La poule ne sait pas se garder du renard,

Car la porte au loquet est à peine fermée.

DON GUILLEN.

Tant mieux! Pour que l'enfant ne soit pas alarmée,

Agissez doucement. Je crois qu'en la maison

La Blandine est seulette, et c'est fort de saison.

Enfin, avancez-vous ?

Les curieux s'approchent pour regarder.

UN LAQUAIS.

Entrez, la place est prise !

DON GUILLEN.

Mettez l'épée au poing, de crainte de surprise ,

Et rangez-vous ici. Comme on peut résister,

Deux de vous me suivront afin de m'assister

SCÈNE VII.

LES LAQUAIS, rangés devant la porte; LES CURIEUX.

UN CURIEUX.

Faites-nous part, messieurs, de ce qu'on prétend faire.

Ces façons ne sont pas exemptes de mystère;

Et si les gens du guet s'en venaient par ici,

Le guet ou les piquiers de monsieur de Mercy,

Vous auriez quelque peine à blanchir votre cause.

UN LAQUAIS.

Le guet ou les piquiers nous seraient même chose,

Et ne nous coûteraient tout au plus qu'un peu d'or

Quand on est don Guillen, fils du corrégidor,

On peut, sans nul souci, s'en aller en conquête ;
Car pour nous la justice est aveugle et muette.

LE CURIEUX.

Alors c'est différent !

SCÈNE VIII.

DEUX LAQUAIS, portant BLANDINE évanouie ; DON GUILLEN ; LES
LAQUAIS qui sont restés à la porte se rangent autour de leur maître, l'épée à
la main, et tous s'avancent rapidement vers la rivière ; LES CURIEUX.

DON GUILLEN.

Otez-les du chemin !
Jetez-leur de l'argent, en voici plein la main !
Ils nous barrent la place, et, si l'on peut apprendre
A temps ce coup hardi, l'on viendra nous surprendre.
Arrière !

UN LAQUAIS, aux curieux.

Laissez-nous faire notre devoir !
Retirez-vous, messieurs !

UN CURIEUX.

Monsieur, laissez-nous voir !

DON GUILLEN.

Approchez ce bateau plus au ras du rivage !
Couchez la dame au fond ! Pour couvrir son visage,
Des manteaux !

BLANDINE, revenant à elle.

Au secours !

UN CURIEUX.

Que dit-elle?

BLANDINE, se débattant.

Au secours!

LE CURIEUX.

C'est un enlèvement. Les Ris et les Amours
Ont donc pris Salamanque en faveur spéciale?

DON GUILLEN, agenouillé dans la barque et tenant les manteaux
sur Blandine pour étouffer ses cris.

Ramez ferme! A l'hôtel de la place Royale!

SCÈNE IX.

LES CURIEUX, DON CÉSAR.

DON CÉSAR.

L'heure passe. Il faudrait en finir promptement,
Ou je verrai sans moi partir le régiment.
Oui, courons avant tout aux plus graves affaires,
Et laissons aujourd'hui mes lâches adversaires;
Ma main leur apprendra bientôt le repentir!
Blandine est préparée; il est temps de partir.
Allons!... La porte ouverte?... Encore une imprudence...
La serrure forcée!... Oh! qu'est cela?...

Il entre précipitamment dans la maison.

SCÈNE X.

LES CURIEUX.

UN CURIEUX.

Je pense
Que voici le seigneur de ce lieu mal gardé.
Je comprends maintenant que rien n'est hasardé
Dans le commun dicton, que c'est par maladresse
Si messieurs les maris sont opprimés sans cesse.
Maladresse ! ou, sinon, le diable est devant eux,
Leur jetant feu, fumée et cendre dans les yeux !

SCÈNE XI.

DON CÉSAR, LES CURIEUX.

DON CÉSAR.

Des traitres sont venus et m'ont ravi ma femme !
Vous tous, si vous pensez au salut de votre âme,
Dites-moi quelle main a forcé ce logis.

UN CURIEUX.

Ne le demandez pas ; car, si je vous le dis,
Vous ne manquerez pas de faire une sottise.

DON CÉSAR.

Il n'importe qu'à moi !

LE CURIEUX.

Qu'un malheur vous suffise !

DON CÉSAR.

Suis-je donc gentilhomme et soldat pour avoir
Un affront de la sorte, éternel désespoir ?
Pour entendre mon cœur me demander vengeance,
Et ne rien accorder à sa juste exigence ?

LE CURIEUX.

Se venger ne saurait éteindre la douleur.

DON CÉSAR.

Laissez-m'en le seul juge ! A tous les gens d'honneur
Ce que vous avancez paraîtra méprisable.
Parlez !

LE CURIEUX.

Je le veux bien, mais soyez raisonnable.

DON CÉSAR.

Parlez donc !

LE CURIEUX.

Vous aurez besoin de beaucoup d'or,
D'intrigue et de crédit contre un corrégidor !

DON CÉSAR.

C'est le corrégidor qui m'enlève Blandine ?

LE CURIEUX.

Non : son fils. Auprès d'elle à cette heure il badine ;
Il faut se montrer sage !

DON CÉSAR.

Oh ! tu peux supporter
La honte ? On pourrait donc à ce point t'insulter ?

Pour moi, j'irai trouver le conseil de Castille ;

Je veux aller partout où la justice brille !

J'userai mes genoux sur les pavés des cours !

Du roi, par mes sanglots, j'obtiendrai le secours ;

Et si le mot justice est là-bas trop antique,

J'accuserai Guillen d'être juif, hérétique,

Mahométan, relaps ! Il peut être puissant ;

Je n'en verrai pas moins la couleur de son sang !

Oui, je le traînerai devant le Saint-Office !

LE CURIEUX.

Il est fou furieux !

DON CÉSAR, fondant en larmes

Par le saint sacrifice !

Je me rends à ce Dieu lent à me secourir,

Et vais me traîner là pour m'y laisser mourir !

Oh ! que je baise encor l'endroit où, sur la pierre,

Ma maîtresse autrefois passait modeste et fière

Et si pure ! O mon cœur, n'attends donc rien de moi !

Nul pouvoir ici-bas ne s'armera pour toi.

Il se laisse tomber sur les marches de la maison de Blandine.

SCÈNE XII.

DON CÉSAR, LES CURIEUX qui l'entourent, DON JAIME, DON GUSMAN, DON JUAN, DON PEDRO, PEREZ, LES TROIS AUTRES PRÉCEPTEURS, LES QUATRE VALETS.

LE PRÉCEPTEUR DE DON PEDRO.

Approchez, mes enfants ; mettons-nous sous ces arbres.

Athènes, Sparte et Rome ornaient de nobles marbres
Les lieux où, pour goûter la fraîcheur d'un beau soir,
Guerriers et jeunes gens venaient parfois s'asseoir.
Ces marbres présentaient l'image des grands hommes ;
C'étaient d'autres leçons ; car, toujours économes
Du temps, ce bien divin dépensé sans retour,
Les anciens s'instruisaient à tous moments du jour.
Caton, avec chagrin, fermait toujours son livre ;
Apprendre, suivant lui, n'était autre que vivre !
Pour nous, gens d'aujourd'hui, nous avons tout perdu
D'un sentiment si noble et si bien entendu.
Le siècle ne fait pas sa plus douce habitude
D'augmenter sa vertu, d'étendre son étude.
Ainsi donc, grâce à lui, si nous n'apprenons rien
Ici, tâchons du moins de n'y penser qu'au bien.

DON JAIME, à ses amis.

Messieurs, je vous propose un flacon de madère
Et des biscuits !

DON GUSMAN.

D'accord !

DON PEDRO.

Très-volontiers j'adhère
A cette offre sensée ; et puisque don Juan
Doit nous quitter demain, trop heureux Sévillan,
Pour rentrer au bercail où l'attend sa famille,
Faisons-lui nos adieux dessous cette charmille...

Nos adieux !.. les adieux de l'Université,

Au prisonnier qui part et prend sa liberté !

DON GUSMAN.

Venez donc voir, messieurs, ce que fait cette foule.

DON PEDRO.

Sans doute elle s'arrête à voir comment l'eau coule ;

Le peuple est si badaud !

LE PRÉCEPTEUR *sévèrement.*

Ne dites point cela.

DON GUSMAN.

Quelqu'un est mort !

TOUS LES JEUNES GENS.

Où donc?

DON GUSMAN.

Tenez, regardez là !

TOUS LES JEUNES GENS.

Vraiment, approchons-nous !

PEREZ, *parlant aux curieux.*

Que fait là ce jeune homme ?

UN CURIEUX.

Une femme a trahi le pauvre gentilhomme.

Nous avons vu Guillen, fils du corrégidor,

Enlever la pauvrette, et j'en sanglote encor.

DON PEDRO, *bas à don Gusman.*

Il porte justement la fraise à la wallonne

Comme j'en désire une.

PEREZ.

                                Est-il une personne
Qui recueille monsieur? Pour ce soin obligeant,
Je donne volontiers ce qu'on voudra d'argent.

UN CURIEUX.

Oh! vous êtes trop bon! voilà qu'il se relève.
Un semblable malheur, c'est moins qu'un mauvais rêve!
Un jour vous en console, et l'on rit à son tour
A l'espoir de troubler de même un autre amour.

DON JAIME.

Vous peignez là, monsieur, une étrange nature!

UN CURIEUX.

Silence! j'aperçois la fin de l'aventure.
Tournez-vous vers le fleuve, et voyez en amont
Ce bateau qui descend, une lanterne au front;
Six rameurs vigoureux le poussent en cadence;
Un orchestre bruyant y joue un air de danse;
Un riche pavillon et des tapis soyeux
Sur les trois promeneurs attirent tous les yeux.
Je reconnais d'ici, près de Guillen assise,
La femme de cet homme; elle est pâle, indécise...
Elle répand des pleurs; mais elle laisse aller
Sa main sous le baiser qui veut la consoler.
Sans doute sa vertu n'a plus rien à défendre.

PEREZ.

Il faudrait empêcher ce malheureux d'entendre

Et de voir. Mes amis, prenons-le parmi nous,
Distrayons-le !.. Venez! parlons-lui…

DON CÉSAR, se levant brusquement.

Taisez-vous!

Ne me retenez pas ! ò lâches, c'est Blandine !
Blandine, qu'on voudrait traîner à sa ruine !
Mais je suis là ! j'accours, et, malgré tes valets,
Guillen, je reprendrai le bien que tu volais !

SCÈNE XIII.

La barque descend le fil de l'eau; BLANDINE est assise à côté de
DON GUILLEN, qui tient ses mains dans les siennes;
DON MANUEL est debout derrière eux.

DON MANUEL, à don César.

Ah! seigneur cavalier, c'est vous! Que la fortune
Nous a donc maltraités aujourd'hui ! L'importune
S'attache à qui la fuit, méprise qui la sert,
Et sourit de nous voir soupirer de concert!
Narguez-la ! Croyez-m'en, imitez ma manière.

BLANDINE, se levant avec effort.

Adieu, César! adieu pour toujours!

La barque passe.

SCÈNE XIV.

DON JAIME, DON JUAN, DON PEDRO, DON CÉSAR,
DON GUSMAN, PEREZ, LES CURIEUX,
LES PRÉCEPTEURS, LES VALETS.

DON CÉSAR.

La dernière

De mes larmes d'enfant s'est tarie à jamais !
Aujourd'hui je renonce à tout ce que j'aimais.
Je pourrai quelquefois, au fond de mes pensées,
Retrouver un regret pour les choses passées ;
Mais je ne songe plus, et j'en rends grâce à Dieu ,
A laisser mon amour vivre en un si bas lieu.
Cette femme était lâche , et son destin m'éclaire ;
Elle s'est avilie , et ne doit plus me plaire.
Son souvenir en moi n'excite que l'horreur ;
Je ne la verrai plus qu'avec son déshonneur !
Toute femme est sans foi !... Cette première école
Ne s'est pas adressée à tête trop frivole ;
Elle profitera. Je n'emporte avec moi
Que l'unique désir de bien servir le roi.

Il sort.

SCÈNE XV.

Pendant les dernières paroles de don César, la place s'est couverte peu à
peu de dames et de cavaliers qui se saluent , se parlent , vont et viennent ;
des carrosses passent le long de la rivière ; des soldats et des gens du
peuple se mêlent aux groupes plus élégants ; c'est l'heure de la promenade.

PEREZ, au gouverneur de don Pedro.

Vous regrettiez, monsieur, en termes pathétiques ,
L'absence des leçons que dans les temps antiques
Les passants rencontraient à tous les carrefours.
Ce qui vient d'arriver prouve que, de nos jours,
L'homme qui de s'instruire a gardé quelque envie

Trouve mieux que jamais, frappant et plein de vie,
L'exemple repoussant du mal et du chagrin :
Tableau plus instructif que cent bustes d'airain.
Ce soldat dépouillé d'une chère espérance,
Ce peuple qui l'écoute avec indifférence,
Cet oppresseur naïf qui n'en veut qu'au plaisir,
C'est l'image du monde à qui veut la saisir.
Approchez, don Juan; vous, Pedro; vous, don Jaime ;
Vous aussi, don Gusman, écoutez-moi de même.
Vous êtes tous les quatre orgueilleux de vos noms,
Dont huit siècles de gloire ont formé les renoms.
Tous riches et puissants, on vous verra peut-être
Sur des peuples vaincus abaisser l'œil du maître,
Et vous devez au moins, les plus grands des sujets,
Assister votre roi dans ses vastes projets.
Contemplez donc ici la marche de la vie,
Et que de nos leçons ce soit la mieux suivie.

Un jeune homme servait une obscure beauté;
A ce paisible amour noblement arrêté,
Il vivait chastement, ne troublait pas les autres,
Content de son trésor, n'enviait point les vôtres,
Ni les miens, ni tous ceux qu'on rencontre ici-bas ;
La bonté de son cœur s'exerçait sans combats.
Si cette femme était restée en son partage,
Il n'aurait jamais rien prétendu davantage;

Mais ce n'est point ainsi que le ciel a voulu
Qu'un tranquille bonheur engendrât la vertu.
Tandis que ces époux s'aimaient dans le silence,
Passe un homme puissant : il s'arrête, il s'offense
De voir des yeux charmés ne prendre garde à lui ;
Quelques attraits, d'ailleurs, à ses regards ont lui ;
Il veut la posséder, cette enfant pure encore...
Il réussit... Bonheur, vertu, tout s'évapore !
Le jeune homme, trop tôt par le mal éprouvé,
Va repousser l'amour, cet amour tant rêvé ;
Il le nîra... Quoi donc? Il ira dans une heure
Singer son assassin dans quelque autre demeure.
Son cœur, par des amis, sera faussé, perdu.
Vice, honneur, mal et bien, tout sera confondu
Au fond de cet esprit gagné par les ténèbres;
Il ne rêvera plus l'honneur des noms célèbres !
Enfin, il sera tel que je vois tous les jours
Passer devant mes yeux les rustres les plus lourds ;
Hommes qui cependant ont eu dans leur jeunesse
Pour le moins un désir teint de quelque noblesse,
Et qui, par l'insuccès à contre-temps heurtés,
Débiles qu'ils étaient, dans le mal sont restés.
Le destin de Blandine est encor plus sinistre;
De Guillen elle ira tomber à quelque cuistre,
Et toujours plus flétri, plus lascif, plus banal,
Son corps viendra souiller un grabat d'hôpital.

Mais ces destins sont beaux, si l'on prévoit la vie
Où l'âme de Guillen, une fois assouvie,
Doit tomber. Aujourd'hui vêtu d'or, de velours,
Les parfums les plus fins, les plus pimpants atours,
Tout ce que l'opulence à grands frais se procure,
Est à peine assez bon pour former sa parure.
Il brille, il est puissant, on l'admire en tous lieux ;
Quoi qu'il puisse entreprendre et faire de honteux,
Il ne redoute point d'amis pour ses victimes ;
Les crimes qu'il commet sont trouvés légitimes,
Et le sifflet public est partout préparé
Pour le père aux abois, l'époux déshonoré.
Qui donc le punira ? qui, Juan ?... La nature !
La nature, qui hait et poursuit la luxure,
Lui reprendra d'un coup force, honneur et fierté,
Et l'on verra bientôt ce seigneur tant vanté,
Le chef branlant, la face amaigrie et l'œil terne,
Aux approches du soir gagner une taverne,
Et, dans un broc infect cherchant quelques ardeurs,
D'une servante épaisse essayer les faveurs.
Voilà des libertins quelle est la destinée,
Messieurs, voilà la fin que Dieu leur a donnée !

Don Juan rit.

UN PRÉCEPTEUR.

Que le seigneur Perez a parlé sagement !
Vous l'entendez, don Jaime ?

UN AUTRE PRÉCEPTEUR.

Et vous aussi, Gusman?

DON GUSMAN.

Oui, monsieur, et je veux, pour fuir de tels abîmes,
Me consacrer à Dieu dans l'ordre des minimes.

LE PRÉCEPTEUR DE DON GUSMAN.

Le seigneur don Gusman finira quelque jour
Par être le patron des jeunes gens de cour;
Sa piété ravit les personnes dévotes.

DON PEDRO, bas à don Jaime.

N'a-t-on pas demandé du vin et des biscotes?

Don Juan rit aux éclats; tous les jeunes gens s'approchent des tables pla-
cées sous les tonnelles et s'y asseoient; des garçons d'auberge apportent
des plateaux chargés de pâtisseries, des verres et des bouteilles; les valets
des gentilshommes se mettent en devoir de servir leurs maîtres; seul,
Léporello, valet de don Juan, est resté derrière cet étudiant, que Perez
retient sur le devant du théâtre.

PEREZ.

O don Juan! malgré vos rires de mépris,
Vous seul réfléchissez, vous seul m'avez compris!
A la veille d'aller vous rendre à votre mère,
J'éprouve dans mon cœur une pensée amère.
Moi qui vous ai veillé dès vos plus jeunes ans,
Je crains d'avoir montré des soins trop négligents;
Je crains d'avoir trahi la noble confiance
Que donna votre père à mon insuffisance,
Car je dois avouer, non sans d'amers regrets,

Que tous vos sentiments me sont restés secrets.

Si vous avez pour moi, pour la longue habitude

Que j'ai de vous servir, pris quelque gratitude,

Dissipez les soupçons dont je suis tourmenté.

Dites par quel penser tout à l'heure excité,

En voyant vos amis se montrer si frivoles,

Vous avez ri ; pourquoi mes trop justes paroles

Ne vous ont point troublé ; pourquoi vous avez vu

Le vice et le malheur sans en paraître ému.

Vous n'êtes point léger, vous songez plus qu'un autre !

Dites, ne voyez-vous d'intérêt que le vôtre ?

Désormais je ne peux vous prescrire de loi ;

Mais, je vous en supplie, enfin, répondez-moi :

Le monde tel qu'il est, composé misérable

De quelques grains d'argent dans des monceaux de sable,

Ne le voyez-vous pas d'un regard méprisant ?

DON JUAN.

Au contraire, Perez, le monde est amusant.

FIN DU PROLOGUE.

LES

ADIEUX DE DON JUAN.

PERSONNAGES DE LA PIÈCE.

———

DON LOUIS TENORIO.

DONA INEZ, sa femme.

DON SANCHE,
DON JUAN, } ses fils.

DONA CLAUDIA, femme de don Sanche.

PEREZ, gouverneur de don Juan.

LÉPORELLO, valet de don Juan.

UN PÈLERIN.

UNE DAME MASQUÉE.

CHASSEURS, DOMESTIQUES ET CONVIÉS.

———

La scène est à Séville.

ADIEUX DE DON JUAN.

ACTE PREMIER.

Une grande salle du palais de don Louis ; au fond, une porte à deux
battants ; à gauche, une porte simple ; à droite, deux fenêtres, entre les-
quelles s'ouvre une porte dérobée qui n'est aperçue qu'à la dernière scène.

SCÈNE I.

DON JUAN, entouré de piqueurs, entre par la grande porte ;
LÉPORELLO le suit ; PEREZ vient par la porte de gauche.

DON JUAN.

Le plaisir, le plaisir ! c'est le seul don céleste !
L'âge d'or nous a fuis, mais le plaisir nous reste.
Sachons lui consacrer et l'esprit et le cœur :
L'esprit, pour en sonder toute la profondeur ;
Le cœur, pour en pouvoir épuiser les délices.
Piqueurs, mes bons amis, merci de vos services !
Tenez, voici de l'or ; sans l'or point de plaisir !

LES PIQUEURS, en saluant.

Vous en aurez toujours.

5

DON JUAN.

C'est bien là mon désir.

Allez !

SCÈNE II.

PEREZ, DON JUAN, LÉPORELLO.

DON JUAN.

Encor l'air sombre et le maintien austère !
Moine, vous eussiez fait l'orgueil d'un monastère !
Vois donc, Léporello, comme mon gouverneur
A son triste métier prend soin de rendre honneur !
Mais qui peut m'attirer une telle visite?

PEREZ.

L'ordre de votre père.

DON JUAN.

Ah ! je m'en félicite.

PEREZ.

Don Louis est heureux de vous voir près de lui.

LÉPORELLO.

Diable ! pour ses vieux jours c'est un fort digne appui !

DON JUAN.

Bien !

PEREZ.

Il sait qu'à vingt ans, au sortir des écoles,
On aime le clinquant des passe-temps frivoles ;
Et comme à vous complaire il porte mille soins...

Il s'arrête et regarde don Juan avec sévérité.

DON JUAN, *souriant.*

Vous qui me connaissez, vous en riez du moins?

PEREZ.

Aujourd'hui, don Juan, il vous donne une fête,

Et, pour que tout s'y trouve et qu'elle soit complète,

Il a fait convier les nobles d'alentour;

Une lice est dressée où chacun à son tour

Pourra sur les taureaux essayer son adresse;

Ce soir, on doit jouer mon drame de *Lucrèce;*

Puis, après un banquet qui n'aura point d'égal,

Le parc illuminé s'ouvrira pour le bal.

J'ai dû vous l'annoncer, puisqu'il m'en donna l'ordre.

DON JUAN.

Ah! de là provient donc tout ce joyeux désordre

Qui remplit le palais de tumulte et de cris?

Merci de la nouvelle, elle a pour moi son prix.

SCÈNE III.

DON JUAN, LÉPORELLO.

DON JUAN.

Çà, causons! j'ai beaucoup de choses à te dire!

LÉPORELLO.

Les oreilles que j'ai pourront-elles suffire?

DON JUAN.

Daignes-tu m'écouter?

LÉPORELLO.

                        J'y suis fort disposé,

Car j'ai le ventre plein et l'esprit reposé.

Depuis trois jours bénis que monsieur votre père

Nous a si noblement fait sortir du repaire

Où l'Université nous distillait l'ennui,

Je me sens tout joyeux, et surtout aujourd'hui!

Au lieu d'un livre épais, d'une maigre marmite,

Désormais nous avons... nous avons tout : bon gîte,

Bon repas... rien à faire... et puis des pièces d'or,

Et la chasse et la pêche, et la soubrette encor!

Votre mère s'en vient à chaque instant me dire :

« Que don Juan est beau, bien fait!.. » C'est un délire!

Votre père surtout vous trouve un air de roi.

Seul, don Sanche se tait... Qu'il me déplaît, à moi!

Que ce prêcheur morose est d'une humeur étrange!

DON JUAN.

Pour n'être qu'un maraud, tu juges comme un ange,

Et sur mon frère aîné nous avons même avis.

Mais sa femme?

LÉPORELLO.

                        Sa femme est un joyau de prix!

Oui, tout franc, Claudia me semble une merveille.

DON JUAN.

Je te confirai donc un secret à l'oreille :

Je l'aime!

LÉPORELLO, effrayé.

Claudia?

DON JUAN.

J'en suis fou! Mon ami,
Pourquoi cet air béant? Aurais-tu mal dormi?

LÉPORELLO.

Mais c'est qu'aimer sa sœur me paraît fort coupable.

DON JUAN.

Vraiment j'ai pour valet un docteur bien capable!
Voyez-vous ce faquin qui m'apprendra comment
Les saints se mariaient sous l'Ancien-Testament!

LÉPORELLO.

Ah! l'Ancien-Testament, c'est chose différente;
Mais le Nouveau, monsieur!

DON JUAN.

Ta gravité m'enchante!
Lorsque je t'ai jadis choisi pour confident,
Crois-tu que j'ai voulu me donner un pédant?
Ote-toi de la tête une aussi sotte idée.
Quand j'avoue un projet, l'affaire est décidée;
Et d'ailleurs à nous deux si nous faisons le mal,
Moi, j'en porte la faute, et non pas mon vassal.
Voilà ta conscience à l'aise, je suppose?

LÉPORELLO.

Je ne marchande plus, et je vois tout en rose;
Même, je pourrai bien mettre en votre paquet

Certains menus péchés qui seront de mon fait.

Mais venons au sujet qui vous tient l'âme en peine :

(D'un ton ampoulé.)

Claudia de ce cœur est donc la souveraine?

DON JUAN.

Sa beauté me transporte et son air me ravit!

Quel feu brûle en ses yeux quand son regard sourit!

Quel invincible attrait dans ses moindres paroles!

Qu'elle passe de loin nos autres Espagnoles!

Dans ce corps tout pétri d'ardeur, de volupté,

Que de désirs rompus et de chaude fierté!

En elle tout me plaît, m'attire et m'inquiète;

Je n'imagine pas de femme plus parfaite...

A nombrer ses attraits je passerais le temps!

LÉPORELLO, d'un air doctoral.

Je crois qu'il nous vaut mieux ménager les instants.

DON JUAN, froidement.

Bref, qu'elle soit ou non l'épouse de mon frère,

Rien ne doit m'arrêter, puisqu'elle a su me plaire.

Me taire, soupirer, me cacher... je ne puis!

Je la veux posséder... il n'importe à quel prix.

Dussent tous mes parents me couvrir d'anathèmes,

Dussent ces murs sur moi se renverser d'eux-mêmes,

Et dût-elle, oui, dût-elle expirer dans mes bras

Après m'avoir cédé... je n'hésiterai pas;

Je la veux!

LÉPORELLO.

Là, monsieur, comme vous allez vite !

Je n'attends rien de bon d'une telle poursuite...

Claudia vertueuse et don Sanche jaloux,

Votre père, à coup sûr, se mettant contre nous...

Manque complet d'argent dès qu'on nous en refuse...

Nous aurons tort, monsieur, ou je suis une buse.

Peste ! Mais j'en frémis !.. Mais y pensez-vous bien ?

On vous mettrait dehors comme un vrai bohémien.

DON JUAN.

Quand nous en serons là, nous trouverons, j'espère,

Un moyen, quel qu'il soit, de nous tirer d'affaire.

Pour aujourd'hui ta charge est de tout écouter...

Tu me comprends ? surtout de ne point t'écarter,

Car je me trompe fort, ou, pendant cette fête,

Je pourrai ménager l'instant d'un tête-à-tête ;

Et tu prendras le soin d'éloigner les jaloux.

LÉPORELLO.

J'y veux faire merveille, et fiez-vous à nous.

Mais voici Claudia qui vient vers cette salle ;

Voulez-vous... Non ! la la !.. Diable ! à peu d'intervalle

Son mari la suivait !

DON JUAN.

Le ciel l'écrase !

LÉPORELLO.

Eh bien !

Qu'ordonnez-vous, monsieur?

DON JUAN, après avoir regardé ardemment Claudia, qui entre la première.

                    Sortons !

              Il s'éloigne par la porte à gauche.

SCÈNE IV.

DONA CLAUDIA, DON SANCHE, UN MAJORDOME.

DON SANCHE, au majordome.

                         Don Sébastien,

A ces bons pèlerins remettez mon aumône.
Dites-leur de prier pour celui qui la donne,
Car il en a besoin.

            (A Claudia, en étendant la main vers la porte,
                qui vient de se fermer sur don Juan)

            Vous le suivez des yeux,

Madame? Il est paré, content, toujours joyeux!
Lui, n'a jamais lassé les personnes qu'il aime
Par ce fâcheux soupir qu'on sait toujours le même;
Et, présentant sans cesse un front libre d'ennui,
Il est juste qu'il ait tous les regards pour lui.

CLAUDIA.

Que don Juan mérite ou l'éloge ou le blâme,
Il n'a pas recherché ma haine.

DON SANCHE.

                Quoi, madame!

CLAUDIA.

Il ne m'a pas frappée en de nobles amours.

DON SANCHE.

Ce reproche insensé renaîtra donc toujours ?
Toujours je serai donc le tyran qu'on déteste !
Du mépris, c'est assez... Retranchez tout le reste.
Combien de fois pourtant l'avez-vous entendu,
Qu'à mon fatal hymen je n'ai point prétendu ;
Que nos pères, amis dès les bancs de l'école,
Pour le conclure un jour s'étaient donné parole ;
Que je vous épousai sans désir, par devoir,
N'ayant, avant ce jour, jamais voulu vous voir !
Vous savez tout cela ; mais pour vous, c'est usage
Que m'offenser... Ah ! si, plus fasciné que sage,
J'ai pris auprès de vous le rôle d'un amant,
Ne me haïssez pas, plaignez-moi seulement.

CLAUDIA.

Vous avez sur les mains du sang !

DON SANCHE.

Oui, je l'avoue,
Mon cœur avec du sang voulut laver la boue,
Et notre doux Sauveur, qu'on a tant insulté,
Donnait un autre exemple à ma fragilité.
Mais quand, un soir, j'ai vu rôder sous la fenêtre
Un jeune audacieux que j'ai dû reconnaître,
Que j'ai vu son panache étalant vos couleurs,
Que j'ai dû soupçonner qu'au fond de vos deux cœurs
Deux sentiments unis s'entendaient pour ma honte...

Ah! malgré votre orgueil et votre œil qui m'affronte,
Je suis votre mari! Je ne pouvais souffrir
Qu'un homme osât penser à vous sans en mourir!
Chrétien, j'eus tort sans doute, et j'en fais pénitence;
Castillan, je devais ressentir cette offense;
Noble, je ne pouvais la porter un seul jour
Sans que mon écusson n'en fût teint à son tour.
Oui, certes, dans le sang cette main s'est trempée;
Mais l'on se doit respect quand on porte une épée!
Brisons sur ce discours; parler de ce trépas,
C'est nourrir un remords qui ne me quitte pas.

CLAUDIA.

Oui, monsieur, brisons là. Dans la vieille Castille,
On dit avec raison que nul de ma famille
N'a jamais pardonné l'apparence d'un tort,
Et que pour accabler l'ennemi le plus fort
Nous savons découvrir dans une vie entière
Le moment qui vient mettre un point faible en lumière.
Mais j'exclus de mon cœur ces instincts paternels,
En m'unissant à vous au pied des saints autels,
On a mis votre sein à couvert de ma haine;
Elle vit cependant, et mon âme en est pleine.
Peut-être êtes-vous bon, loyal... je vous connais...
Mais vous avez tué don Pèdre, et je vous hais!
Contentez-vous d'avoir une froide statue;
Si vous m'aimez, tant mieux! Que cet amour vous tue,

Et que le bien volé mis dans votre maison,
Sans vous appartenir, vous serve de poison !

DON SANCHE.

Madame !

CLAUDIA.

N'aviez-vous autre chose à me dire ?

DON SANCHE.

Tout m'est raison de crainte, instrument de martyre.
Je voulais vous parler d'un étrange sujet :
On prétend que mon frère auprès de vous se plaît ;
La façon dont ses yeux vous suivaient tout à l'heure
Aux preuves qu'on donnait en joint une meilleure...
Votre pâleur subite est un signe de plus !

CLAUDIA, troublée.

Moi, pâlir ? Non, don Sanche !

DON SANCHE.

Ah ! vos sens sont émus,
Et vous craignez de voir naître la jalousie !
Il est vrai, l'on est fou quand l'âme en est saisie ;
Pourtant rassurez-vous... Mon frère est un enfant,
Un enfant qui m'est cher et que son nom défend.
D'ailleurs, on peut encor rompre cette pensée...
Que vous saviez ?...

CLAUDIA, balbutiant.

Monsieur, j'en étais offensée.

DON SANCHE.

Ah ! madame, il vous·aime, et vous l'avez compris !
Il faut que dès demain il s'éloigne à tout prix.
Ma mère va venir vous chercher pour la fête ;
Daignez lui demander son départ.

CLAUDIA.

J'y suis prête ;
Mais le faire aujourd'hui, c'est vouloir un refus.

DON SANCHE.

Expliquez-vous !

CLAUDIA.

Monsieur!

DON SANCHE, à part.

Son visage est confus !...
C'est la honte ou l'effroi dont la pâleur l'altère...
Dans ce trouble faut-il soupçonner un mystère ?

(Haut.)

Obéissez, madame, et nous verrons après.

SCÈNE V.

CLAUDIA, DON SANCHE, DONE INEZ, DON LOUIS.

DON LOUIS.

Nos conviés sont là. Lice et taureaux sont prêts ;
Les chemins d'alentour sont couverts de carrosses,
Et je suis enchanté comme au jour de mes noces !

DONE INEZ.

Hâtez-vous, Claudia ; nous venons vous chercher.

DON SANCHE, bas à Claudia.

Parlez de don Juan ; du moins faut-il tâcher !

DONE INEZ.

Déjà le soleil monte au-dessus de la plaine.
On nous attend.

DON SANCHE, bas à Claudia.

Eh bien !

CLAUDIA, de même.

C'est tentative vaine !

DON LOUIS.

Ma fille, vous verrez un nouveau matador.

CLAUDIA, distraite.

Et qui donc ?

DON LOUIS.

Don Juan.

DON SANCHE, à part.

Ah ! don Juan encor !

(Haut à done Inez.)

Madame, j'oserai vous faire une prière.

DONE INEZ, froidement.

Que vous puis-je accorder ?

DON SANCHE.

J'ai peur de vous déplaire...
Mais il faut, dès demain, ordonner le départ
De don Juan.

DONE INEZ.

Pourquoi ?

DON SANCHE.

L'on m'apprend, un peu tard,
Que son étourderie affiche pour madame
Une ardeur qui devrait ne pas être en son âme.

DON LOUIS, souriant.

Vous en êtes certain?

DON SANCHE.

Comme je vois le jour.

DONE INEZ, à Claudia.

Et vous croyez aussi sans doute à cet amour?

(A don Sanche.)

Don Sanche, dès longtemps je vois l'hypocrisie,
L'avarice, l'orgueil, la basse jalousie,
Se disputer le cœur que je montre du doigt.
Don Juan vous obsède?... Aisément on le croit!
Ce n'est pas sans motif, il faut le reconnaître;
Des trésors de mon père un jour il sera maître;
Et ses grands biens, présent de mon extrême amour,
Le rendront plus que vous important à la cour.
Afin de lui ravir son futur héritage,
Vous le calomniez; vous feriez davantage!
Mais je vous connais trop, et vos honteux projets,
Tenez-vous averti, n'auront point de succès.

SCÈNE VI.

CLAUDIA, DON SANCHE, DON LOUIS.

DON SANCHE, se parlant à lui-même.

C'est ma mère! Il la faut écouter sans rien dire,
Mon cœur... refermez-vous, étouffez ce délire;
Vous portez à mes sens des mouvements trop prompts.
Oui, vous n'étiez point fait pour souffrir les affronts!

DON LOUIS.

Dans un jour de gala vous vous cherchez querelle!
Done Inez perd la tête, et son fils autant qu'elle.
Votre mère est très-vive et s'emporte : elle a tort,
Mais la blâmant d'ailleurs, il faut tomber d'accord
Que, tout en se cachant sous forme de prière,
Votre prétention était fort singulière.
Je sais, tout comme vous, don Juan amoureux.

DON SANCHE, vivement, et montrant Claudia.

D'elle, mon père?

DON LOUIS.

   Eh oui!

DON SANCHE.

      Mais ce crime est affreux;
Et je ne comprends pas...

DON LOUIS.

      Moi, je n'en fais que rire.

Qu'il suive Claudia, la contemple, l'admire,
Je vois dans tout cela le fait d'un étourdi,
Lui-même stupéfait d'un amour si hardi ;
Voilà tout. Sans vouloir imiter votre mère,
Je repousse pourtant cette morale austère
Dont l'affectation vous égare toujours,
Et dont les règlements ne sont plus de nos jours.
Vous allez imiter les gens des premiers âges !
Vous allez vous targuer de leurs vertus sauvages !
Et de ce que, par goût ou par tempérament,
Vous ne fléchissez pas dans un tel sentiment,
Vous le voulez aussi trouver aux autres hommes.
Mais tout le monde en rit parmi nos gentilshommes !
C'est de là... — croyez-m'en, je m'en suis aperçu ! —
Que votre jeune frère est par vous si mal vu ;
Vous ne lui passez rien !

DON SANCHE.

                    Non, puisqu'il faut le dire,
Don Juan, au contraire, et me plaît et m'attire !
Vous en doutez, monsieur... et vous avez grand tort ;
Car pour m'en défier je fais un grand effort,
Tant sa beauté, son air, son regard me fascine !
Pourtant il est moins bon que je ne l'imagine !...
L'insulte qu'il me fait... J'ai d'ailleurs un souci...
Un soupçon qui m'irrite et le repousse aussi.
En dire le secret me serait difficile.

Mais que don Juan parte.

DON LOUIS.

Allons, c'est inutile.

A tout ce qui se fait nos voisins attentifs
Nous prêteraient bientôt de scandaleux motifs;
Il restera. — Soyez sans crainte et sans colère;
Je veux bien me charger d'observer votre frère,
Mais je perds trop de temps à d'ennuyeux débats.
Adieu! Vous, Claudia, vous me suivez?

SCÈNE VII.

DON SANCHE, CLAUDIA.

DON SANCHE.

Non pas !

Demeurez! Puisqu'il faut que seul je me protége,
Désormais, à moi seul je m'en remets ! Que sais-je?
Que me faut-il penser de l'étrange froideur
Dont vous considérez ce qui touche à l'honneur?
Un soupçon m'est venu... malgré moi, je vous jure!
Il parle contre vous et me montre une injure.
Ah ! s'il en est ainsi que je crois l'entrevoir...
Un de nous deux au moins aura fait son devoir !

Il sort.

4

SCÈNE VIII.

CLAUDIA, seule ; elle cache un moment sa tête dans ses mains,
puis la relève et s'écrie :

Claudia ! tu te sens perdue, et ta patronne,
Malgré tes cris, tes vœux, tes serments, t'abandonne !
Autrefois, possédé par un amour éteint,
— De tous les souvenirs, à coup sûr, le plus saint, —
Mon cœur, bien défendu, bravait dans ses tristesses
Tout ce qu'osaient tenter d'importunes tendresses ;
Aujourd'hui je combats, j'ai des pleurs dans la voix,
Et je faiblis, enfin, pour la première fois !
Mais non ! lutter n'est pas mériter qu'on vous blâme !
Cherchons donc sans effroi ce qui trouble mon âme.
— Depuis le peu de jours qu'il habite avec nous...
Je crains de le nommer !.. Oui, jusqu'en mes genoux
La peur descend dès que j'évoque son image !
Eh bien ! n'attendons pas qu'il tente mon courage !
Aux rigueurs d'un couvent demandons un abri,
Pour punir et briser ce cœur qui s'est trahi.
Sortons !

SCÈNE IX.

DON JUAN, CLAUDIA.

CLAUDIA, atterrée.

Oh ! don Juan !

DON JUAN.

N'ayez aucune crainte.

Afin de vous parler sans trouble et sans contrainte,

Je me suis un instant caché dans le palais.

Maintenant je suis libre, et maîtres et valets

Aux courses de taureaux ont tout droit de m'attendre.

CLAUDIA.

Pourquoi n'y pas aller?... J'y cours...

DON JUAN.

Daignez m'entendre.

Envers vous, Claudia, mon frère en agit mal.

Esprit peu délié, caractère inégal,

Cœur faux, et qui sent trop combien il doit déplaire,

Vous traiter en esclave est tout ce qu'il sait faire...

Il n'est pas digne enfin de rester votre époux.

CLAUDIA.

Je ne me suis pas plainte; et que prétendez-vous?

DON JUAN.

Je prétends vous soustraire à son dur esclavage.

Allez, vous ne pouvez le cacher davantage...

Don Sanche, pour vos yeux, est un objet d'horreur.

CLAUDIA.

Don Juan!

DON JUAN.

Retranchons ce mot, s'il vous fait peur.

Pour ses propos amers je connais votre haine;

Et sachez que je veux dissoudre cette chaîne,

Et que, pour préparer ce que je vous promets,

Mon bien, mon sang, ma vie, à vos pieds je les mets...

Mais... vous semblez songer que l'amour fraternelle

D'un pareil dévoûment n'offre point de modèle,

Qu'on n'a pas vu de frère à ce point emporté

Par simple mouvement de générosité,

Et que, le plus souvent, on ne se donne en gage

Qu'afin d'en obtenir un splendide avantage.

Eh bien! je ne veux pas vous tenir dans l'erreur;

Loin de moi d'arriver par un détour trompeur

A ce but adoré que librement j'avoue;

Ce but est noble et grand, et mon orgueil s'en loue...

Je vous aime!... Arrêtez!... Je m'attendais trop bien

A tout ce que me dit ce sévère maintien;

Mais il peut s'épargner le blâme et la menace.

Mieux que vous, Claudia, je connais mon audace,

Et n'ose du respect enfreindre ainsi les lois,

Qu'en me représentant que déjà... maintes fois...

Le saint-père a permis le nœud du mariage

A des gens que le sang séparait davantage.

CLAUDIA.

Je ne puis vous aimer. Un serment qui me plaît

M'a liée à don Sanche; et, d'ailleurs, chacun sait

Qu'un divorce, après tout, n'étant rien qu'un parjure,

Le proposer, c'est faire une sanglante injure.

Je ne vous aime pas. Ce que vous avez dit,

Si je m'en souvenais, souillerait mon esprit;

Je l'oublie. Un moment de ferveur juvénile

A trompé votre cœur, à s'éprendre facile;

Un moment de raison éteindra tout ce feu.

Voilà ce que je pense, et je vous dis adieu.

DON JUAN, lui barrant le passage.

Oh! non, vous vous trompez sur l'ardeur qui m'embrase;

Je ne suis pas de ceux dont l'amour est extase,

L'emportement respect, et le désir froideur,

Et j'ose à mon secours appeler votre cœur.

Je l'observe, et je vois que, dans votre pensée,

Vous ne vous trouvez pas très-fortement blessée.

Ce calme démenti, ce réel embarras,

L'absence du courroux que je ne vous vois pas...

La crainte qui pâlit votre charmant visage,

S'il me faut parler vrai, m'attire et m'encourage.

Demeurez! Je sens trop que je suis offensant...

Mais nous sommes en guerre, et chacun se défend.

CLAUDIA.

Trop longtemps, trop longtemps ma bonté vous écoute.

Qu'espérez-vous ainsi?... M'arrêter?...

DON JUAN.

Non, sans doute!

Ce m'est chose... possible, et je n'y prétends pas.

Je ne veux qu'un seul mot.

CLAUDIA , à demi-voix.

Quel horrible embarras!

Personne ne viendra me délivrer?

DON JUAN, de même.

Personne!

Nous sommes seuls ici! Le secret environne

Ce que peut obtenir un amant...

CLAUDIA.

Laissez-moi!

(A part.)

Son regard me poursuit et me remplit d'effroi.

DON JUAN.

Quand un adroit serpent fascine une colombe,

Elle résiste un peu, mais enfin... elle tombe.

CLAUDIA , hors d'elle-même.

Mon frère! vous m'aimez! vous m'aimez, dites-vous?

Prouvez-le : ma terreur vous implore à genoux.

Je ne puis vous cacher qu'un horrible mélange

De frayeurs, de soupçons, m'affaiblit et me change.

D'où me viennent, mon Dieu! ces mouvements divers?

Je suis visiblement au pouvoir des enfers!...

Prenez pitié de moi, don Juan! oui, mon frère!

DON JUAN.

Nous sommes enfermés; mon amour peut tout faire!

CLAUDIA.

Vous oseriez!...

DON JUAN.

Oui, tout! Pourtant j'aimerais mieux,

Sans vous tant effrayer, trouver grâce à vos yeux.

Qui saura le bonheur dont je vous sollicite?

Personne!... Tout nous sert!... Adorable!...

CLAUDIA, à demi-voix.

Hypocrite!

DON JUAN.

Je conviens que don Sanche est un peu méconnu;

Mais qui le plaint? Ni moi... ni vous! Pour la vertu,

Nous y pourrons songer. Si l'amour est un crime,

Il exige du moins un dévoûment sublime;

L'un peut réparer l'autre. A ton bonheur voué,

Un silence éternel sur mes lèvres cloué,

Cachera pour toujours le secret de tes charmes!

Ne cherche pas à fuir, ne verse pas de larmes!

Tu n'en es que plus belle, et, si je te fais peur,

Ce n'est pas un moyen d'éteindre mon ardeur!

CLAUDIA.

Don Sanche! à mon secours!

DON JUAN.

La maison est déserte!

CLAUDIA.

Que voulez-vous enfin!

DON JUAN.

Mon bonheur!

CLAUDIA.

Non, ma perte !

J'en jure sur l'honneur, avant que d'être à vous,
Je me tùrais cent fois !

DON JUAN.

Ah ! madame ! tout doux !

Puisque prière, amour, ne font rien sur votre âme,
J'obtiendrai par la force un bien que je réclame.
De meilleures raisons vont te persuader.
Obéis ! tu n'as rien à faire que céder !
Viens !

CLAUDIA.

Don Juan, pardon !

DON JUAN.

Écoute ?

CLAUDIA.

Non !

DON JUAN.

Je t'aime !

CLAUDIA.

O lâche !

DON JUAN.

Claudia, mon bonheur est extrême !
Tu vois que je t'aurai ! Sois donc heureuse aussi...
Oui, cède !

CLAUDIA.

Ah !

SCÈNE X.

CLAUDIA, DON JUAN, qui la tient embrassée ; DON LOUIS,
qui entre par la porte dérobée à droite.

DON LOUIS.

Don Juan, que faisiez-vous ici?

FIN DU PREMIER ACTE.

ACTE SECOND.

Une autre salle du palais de don Louis.

———

SCÈNE I.

DON JUAN, DON LOUIS, assis.

DON LOUIS.

Pour s'aller mettre en tête une telle algarade,
Il faut certainement avoir l'esprit malade.
Au milieu d'une fête, en un jour solennel,
Exposer votre nom au rire universel!
Tout cela me paraît le comble du délire,
Et je ne trouve rien de plus juste à vous dire.
Heureusement pour vous que, laissant le taureau,
Je revins, fort à point, vous surprendre au château;
Car tout peut s'arranger. J'userai d'indulgence...
Mais don Sanche sans doute aura su votre absence,
Et, pour le rassurer sur les soupçons qu'il a,
Vous partirez ce soir avant le bal.

DON JUAN.

                                        Déjà...
Ma mère, don Louis, y consentira-t-elle?

Moi-même, la trouvant à vos désirs rebelle,

Croyez-vous que je puisse obtenir de mon cœur

Soumission facile à pareille rigueur?

Et, si j'ose rester quand tout m'y sollicite...

Que peut-il arriver?...

DON LOUIS, raillant.

Que je vous déshérite;

Que, par mes serviteurs vous faisant arrêter,

Je vous mette dehors sans plus vous consulter.

Le temps n'est point venu de prendre un ton de maître!

Vous n'êtes point encore où vous en croyez être :

Mon beau-père est vivant, et... vos biens sont à lui...

Craignez, monsieur, craignez de les perdre aujourd'hui!

Si, docile, au contraire, il plaît à Votre Grâce

De faire de bon gré ce qu'il faut qu'elle fasse,

Le motif pour lequel vous sortez de ces lieux

Peut rester à jamais secret entre nous deux;

Et quand aux curieux il faudra qu'on réponde,

On dira que, pressé de connaître le monde,

Vous allez voyager... Vous ferez des jaloux,

D'ailleurs... je vous promets que j'aurai soin de vous.

Comprenez-vous enfin qu'il faut que l'on me cède?

DON JUAN.

Monsieur, j'obéirai.

DON LOUIS.

Le ciel vous vient en aide,

Et, pour utiliser un si rare bonheur,

Je m'en vais de ce pas à votre gouverneur

Déclarer qu'aujourd'hui vous sortez de l'Espagne,

Pour aller retrouver la cour en Allemagne.

Convenez que l'orgueil était peu de saison,

Et que je mets fort bien les gens à la raison?...

SCÈNE II.

DON JUAN, seul.

Le pauvre homme! il s'en va charmé de sa victoire!

Rien au monde, il est vrai, ne l'empêche d'y croire.

La raison du plus fort étant de son côté,

D'un seul mot, s'il le veut, je suis déshérité.

Que, ferme en mon vouloir, à mon amour fidèle,

Malgré lui je demeure... il peut l'éloigner, elle;

Que, la suivant à pied, humble, indigent, obscur,

J'ose, pendant la nuit, escalader son mur,

Il peut m'environner des valets qu'il soudoie,

Me faire leur jouet, et, pour surcroît de joie,

S'il veut par le chagrin assouplir mon orgueil,

A d'impurs alguazils laisser franchir ce seuil,

Et me mettre en leurs mains comme un coureur de route...

Oui, certes, il le peut, il le peut... oui, sans doute!

Mon père!... Il est mon père... et devant lui soumis,

Je ne dois rien vouloir que ce qu'il a permis.

Permis! Ah! c'en est trop! j'ai l'enfer dans la tête!

A rompre mes projets il faut que je me prête!

Moi, qui me sens plus fort que ce bétail humain,

Qui ne vois point d'égal, je rampe sous sa main!...

Rien ne me fait trembler, je méprise la vie

Au point de la risquer pour une fantaisie;

Je suis beau, je suis brave et je suis généreux...

Il devrait cependant, cet homme déjà vieux,

Dont je pourrais d'un souffle abréger l'existence,

Ainsi qu'un mur d'airain braver ma résistance!

Ah! je ne le crois pas, et je vais lui prouver

Qu'un être qui me dompte est encore à trouver.

Je reste!... Il me faudra forger quelque artifice,

Car je suis là, sans force, au fond d'un précipice...

Je reste cependant... Jeune, à demi vaincu,

Je saurais des moyens si j'avais plus vécu.

Pourtant il en doit être; il faut que je les trouve!

Que fatigante est donc la haine que j'éprouve

Lorsqu'on ose attenter à mon moindre désir!

Ici, surtout, c'est plus encor que le plaisir

Qu'on me veut enlever... c'est le bonheur peut-être!

Et je veux être heureux!... Oui, don Juan veut l'être!

De sang, de boue, ou d'or, qu'on fasse son bonheur,

Je veux être du mien le hardi constructeur.

Rien ne me doit coûter, et, sans doute, en la vie,

On obtient, quand on paie aussi cher son envie!

Oui, Claudia ! je t'aime, et la mort seulement
A le bras assez fort pour ployer ton amant.
Je t'aime, je t'aurai, malgré leur insolence,
Et ta vertu n'est rien devant ma patience.
Mon esprit, que la rage en ce moment remplit,
Ne trouve aucun moyen ; mais souffrir assouplit.
Et certe, avant la nuit, tandis que l'on s'abuse,
J'aurai bien su m'armer ou de force ou de ruse.
Rien ne vient !... Ah ! maudit soit cet esprit borné,
Que, sans doute, en naissant, mon père m'a donné !
Rien ! non, rien ! Si j'avais au moins dans l'escarcelle
Assez d'or à semer pour m'enfuir avec elle,
Corrompre des valets et payer des chevaux.
Mais rien !... Il faut agir par des ressorts nouveaux !
De l'or, pour en avoir, loin d'épargner mon âme,
Je ferais cent fois pis que l'enfer ne réclame !
Satan ne viendra point me tirer d'embarras ?...
Alors, s'il ne vient point, c'est qu'il n'existe pas ;
Car, bravant mieux que lui la céleste colère,
Je ne demande rien... qu'un moyen de mal faire !
Si, perçant le parquet, il montait devant moi !...
O Lucifer ! de l'or ! et je suis tout à toi !
Avec ce seul secours, et sans que tu l'exiges,
Je briserai ces fleurs qui, sur leurs chastes tiges,
Conservent leur candeur et leur virginité !
Femme, fille, nonnain que ton souffle a quitté

Faute d'un seul défaut où lui river ta chaîne,
Je peux tout entraîner au fond de ton domaine.
Satan, roi mensonger d'un fabuleux enfer!
Si vraiment tu souffrais sur ce trône de fer
Dont le fantôme absurde abrutit notre engeance,
Tu me pourrais livrer le soin de ta vengeance!
De l'or, ah! beaucoup d'or, et je suis ton ami!
De ce moment, tu peux demeurer endormi;
Sans troubler mes plaisirs, dans ma course de fêtes,
Je secoûrai chèz toi d'assez nombreuses têtes!
Élégants et parés, parfumés et mignons,
Tu prendras, un à un, mes joyeux compagnons!
Satan! ne veux-tu pas agréer mon offrande?...
Mon âme vaut pourtant le prix que j'en demande...
Es-tu, pour singer Dieu, ménager de faveur?...
On vient!... Ayons le front plus calme que le cœur.

SCÈNE III.

DON JUAN, PEREZ.

PEREZ.

Ainsi, vous nous quittez, si j'en crois votre père?
L'aspect de vos trésors bien promptement opère!
A peine êtes-vous riche, et pouvez-vous lier
La couronne ducale au front du chevalier,
Briser votre écusson de quatre baronnies,

Que toutes vos amours pour ces lieux sont finies?

On ne m'a pas su dire où vous portiez vos pas,

M'annonçant seulement que, dans votre embarras

D'occuper avec gloire une ardente jeunesse,

Vous ne rêviez qu'honneurs, que palmes, que prouesse.

Je n'ai rien répondu, de crainte d'irriter;

Mais je vois qu'au grand jour vous allez éclater.

Ils sont finis les temps de contrainte morose...

Vous aimez le plaisir par-dessus toute chose.

Eh bien! de votre aïeul aujourd'hui l'héritier...

DON JUAN, vivement.

Qui l'a dit?...

PEREZ.

A l'instant je l'apprends du courrier.

DON JUAN.

(A part et lentement.)   (Haut.)

Ah! mon grand-père est mort... On sait que ma fortune

Est grande, assurément! Parlez sans crainte aucune;

Je m'informe de tout en homme ménager.

PEREZ.

C'est d'un fardeau bien lourd que l'on va vous charger.

Long serait l'entretien à nombrer vos bastilles

Dans Valence et Murcie et dans les deux Castilles.

Le jardin que gardait le célèbre dragon

N'eût jamais égalé vos vergers d'Aragon;

Et, si de vrais rapports emplissent nos oreilles,

Vos palais de Jaën sont autant de merveilles.

DON JUAN.

Je peux à ma famille en donner une part?

PEREZ.

Vous êtes le seul maître.

DON JUAN, avec insistance.

Avant notre départ,
Je verrai les contrats des biens que je lui cède?

PEREZ.

Sans doute; votre mère en ses mains les possède,
Et me les a fait voir.

DON JUAN, avec ironie.

Vous êtes fort adroit,
Perez; et je comprends que moi seul ai le droit
D'user de ma fortune! Il est vrai, je suis maître!
Et tout ce que je veux, je vais me le permettre!

PEREZ.

Comment! vous ignoriez?...

DON JUAN.

Mais je l'apprends de vous.

PEREZ.

Votre père?...

DON JUAN.

Sera moins enchanté que nous.

PEREZ.

Mais ce que je vous dis, il le sait!

DON JUAN.

Hum ! je pense
Que de m'en avertir il vous eût fait défense.

PEREZ.

Pourquoi l'eût-il voulu, quand le courrier tantôt,
Aux courses arrivant, l'a proclamé tout haut ?

DON JUAN.

Et don Louis, chargé de garder sa famille,
Me surprenait ici près de sa belle-fille.

PEREZ.

Sa belle-fille ! Auprès de dona Claudia ?...

DON JUAN.

Néron aimait Poppée ; on la répudia.
Je suis assez savant dans l'histoire classique
Pour m'appuyer ici d'un exemple authentique.
Aussi, mon gouverneur, faites-moi compliment
D'avoir tant profité de vos leçons.

PEREZ.

Vraiment !
C'est là le premier pas que fait votre jeunesse ?...
La voilà cette soif d'honneurs et de prouesse !
Néron ?... Vous dites bien !

DON JUAN.

Ce lyrique transport
N'est point assez senti ; voyons, criez plus fort !

PEREZ.

Tu veux déshonorer l'épouse de ton frère?

Eh bien! à tes projets je saurai la soustraire;

Sans exposer don Sanche à te rendre assassin,

—Car tu peux en apprendre au plus fier spadassin! —

Je sauverai ta sœur! Partout, toujours près d'elle,

Tes yeux me trouveront à faire sentinelle;

Et, s'il me faut mourir en empêchant le mal,

Je tomberai du moins en serviteur loyal!

DON JUAN.

Ma parole d'honneur, c'est par trop héroïque,

Et l'on n'ouït jamais discours plus magnifique;

Je ne vous flatte pas, non; il vous fait honneur,

Et, s'il était moins long, je l'apprendrais par cœur.

Même, je dirai plus, il change mon idée.

Mon âme à vous servir s'est déjà décidée.

Vous prévoyez fort bien que de vous voir partout

Serait un passe-temps assez peu de mon goût,

Et me ferait enfuir à l'autre bout du monde;

La peur que j'en ressens fort à point vous seconde.

Allez, monsieur, allez; prévenez don Louis

Que, malgré tout, je pars, grâce à vos bons avis.

PEREZ, à part.

Il tient en ce moment quelque trame nouvelle...

Son rire malfaisant clairement le révèle.

Que faire?...

DON JUAN, indiquant du geste Léporello qui entre.

Je voudrais parler à ce valet.

PEREZ, d'un air menaçant.

Je cours chez Claudia !

DON JUAN, à part, avec un sourire.

Va ! c'est ce qu'on voulait.

SCÈNE IV.

LÉPORELLO, DON JUAN.

LÉPORELLO.

Ah ! le charmant début et la belle aventure !
Nous sommes à cette heure en fort bonne posture.

DON JUAN, rêvant.

On ne peut mieux trouver !

LÉPORELLO.

Il n'est donc pas moyen
De rester ?

DON JUAN, se détournant pour sortir.

Suis Perez ; observe, retiens bien
Ce qu'il fait, ce qu'il veut, ce qu'il pense ou respire ;
N'en perds pas un clin d'œil, et reviens me le dire.

LÉPORELLO, l'arrêtant.

Ah ! j'oubliais !... A moins, on se pourrait troubler !
Votre mère me suit, elle veut vous parler,
Puis elle vous envoie un tas de paperasses.

DON JUAN, prenant la cassette que Léporello lui donne.

C'est ma force, mon or ; je lui rends mille grâces !
Mais je ne puis attendre, ayant autre souci.
Je cours chercher don Sanche.

SCÈNE V.

LÉPORELLO, seul.

Ah ! pour cette fois-ci,
Je ne comprends plus rien à ce qu'il élabore ;
Sa tête aurait besoin d'un bon grain d'ellébore.

SCÈNE VI.

DONE INEZ, LÉPORELLO.

DONE INEZ.

Don Juan ?

LÉPORELLO.

Je ne sais, et je ne l'ai point vu.

(A part.)

Mentir ne nuit jamais.

DONE INEZ.

Cherche-le... M'entends-tu ?

LÉPORELLO.

Je le crois à la course, ou bien à ses études !...
Il est fort studieux ; il a des habitudes

D'homme sage et rangé, d'homme grave au besoin...

Moi, j'adore mon maître, et crois qu'il ira loin.

DONE INEZ, lui donnant de l'argent.

Tiens, bon Léporello, je reconnais ton zèle.

Cours chercher don Juan; dis-lui que je l'appelle.

LÉPORELLO, pleurant.

Ah! madame, quel maître! et que de qualités!

SCÈNE VII.

DONE INEZ, CLAUDIA.

CLAUDIA, à done Inez.

Quelques mots seulement. Léporello, sortez!

Madame, je vous cherche : il s'agit de ma vie.

DONE INEZ.

De quelque émotion vous paraissez saisie?

Qu'avez-vous?... Don Juan serait-il en péril?

Non!... Alors, mon enfant, parlez; qu'arrive-t-il?

CLAUDIA.

L'abbesse de Stora refuse de me prendre!

DONE INEZ.

Entrer dans un couvent!...Faites-vous mieux comprendre.

CLAUDIA.

Écoutez-moi. Don Sanche à me laisser partir

Sans explications ne saurait consentir.

Il vous faut donc, madame, et de suite, à cette heure,

Nous forcer tous les deux à changer de demeure.

Vous prendrez un prétexte, et le premier venu

Sera bon. Hâtez-vous!

DONE INEZ.

Quel danger inconnu

Vous force à m'adresser cette étrange prière?

Je ne puis l'accueillir sans blesser votre père,

Dont tous les sentiments sont de fer en ceci.

Après lui, votre époux est souverain ici.

Ici sont nés, sont morts les auteurs de sa race;

Il y doit demeurer pour en garder la trace.

CLAUDIA.

Il faut que tous les deux nous restions?...

DONE INEZ.

Il le faut.

CLAUDIA.

La pitié, la raison, ainsi vous font défaut;

Mais, puisque ce domaine appartient à don Sanche,

De vos cruels refus je prendrai ma revanche.

Votre fils don Juan ne peut y demeurer.

DONE INEZ.

Pour quel motif?

CLAUDIA.

Voyez mes yeux las de pleurer,

Et l'affreux désespoir qui brise mon courage!

Ma résolution est ferme et juste et sage.

Don Juan m'aime.

DONE INEZ.

Enfin, je comprends ! votre époux
Vous a fait partager ses sentiments jaloux.
Moi, ce qu'est don Juan pleinement me rassure.

CLAUDIA.

Je ne dirai donc point combien son âme est dure,
Vous ne me croiriez pas ; qu'il peut marcher sur tout ;
Que le crime est pour lui sans horreur ni dégoût,
Vous ne me croiriez pas ! Et si je disais même
Que, lassé de me suivre en me criant qu'il m'aime,
Il appelle la force à l'appui de l'amour,
Me soupçonnant de quelque infamie à mon tour,
Vous ne me croiriez pas ! Il faut donc me soumettre
A vous faire un aveu que vous daigniez admettre.
La rougeur de mon front, le trouble de mon cœur,
Ne m'arrêteront point ; car c'est de notre honneur,
Oui, bien de notre honneur qu'il s'agit ! Moi, je l'aime !
Ah ! fuyez loin de moi, jetez-moi l'anathème ;
De mon contact impur, allez, délivrez-vous !
Ne me laissez pas même embrasser vos genoux ;
Cherchez dans votre cœur de chrétienne et de mère
La réprobation qui soit la plus amère,
Vous me rendrez justice, et je tombe d'accord
Que tout est mérité par un pareil transport.
Mais aussi comprenez, comprenez donc, madame,

Qu'il n'est plus question de désoler votre âme,

En éloignant un fils que vous chérissez tant;

Il ne peut me sauver, nous sauver qu'en partant.

DONE INEZ.

Arrêtez, Claudia! Que dites-vous!... Que faire?...

Je vois déjà sur lui le poignard de son frère.

Mon fils vous a parlé d'amour, me dites-vous?

Vous l'aimez?... Ce n'est pas! vous mentez!... Calmons-nous,

Claudia, toutes deux sommes de pauvres femmes;

Ah! ne me livrez pas à ces douleurs infâmes.

J'adore don Juan, et n'ai rien ici-bas

Que des affections qui ne l'égalent pas.

Oui, songez qu'à mon âge, assez près de la tombe,

Si je perds don Juan, je m'affaisse et j'y tombe.

Que n'ai-je pas souffert quand je ne l'ai point vu?...

Voilà que seulement mon enfant m'est rendu,

Et déjà vous voulez, par amour de fortune,

Par quelque ambition...

CLAUDIA.

Non, je n'en ai pas une,

Que celle de sauver notre honneur à tous deux!

DONE INEZ.

Je le dis, j'en suis sûre, et c'est vraiment hideux!

(Apercevant don Sanche, et courant à lui.)

Don Sanche, vous allez!...

CLAUDIA, se jetant devant elle, et d'une voix sourde.

Encore une parole,

Et je me tue!

SCÈNE VIII.

DONE INEZ, CLAUDIA, DON SANCHE, DON LOUIS.

DONE INEZ, tremblante et affectant l'ironie.

Eh bien! Sanche, qui vous désole?

DON SANCHE.

Je cherche don Juan; au lieu d'être avec nous,
Que faisait-il ici?

DONE INEZ.

Vous jouez le jaloux;
Mais vous pouvez cesser, la feinte est découverte.

DON LOUIS.

(Vivement.)   (Bas, à Inez.)

Il était avec moi! Taisez-vous!

CLAUDIA, à demi voix et accablée.

C'est ma perte!

DON SANCHE.

Quelle feinte?... Parlez, expliquez-vous, ou bien
Ma patience à bout ne répond plus de rien!
Don Juan était là!... Vous l'avez vu, madame?...
Pourquoi donc manquait-il où chacun le réclame?...
Tandis que nos amis se le demandaient tous,
Quel intérêt si grand l'attachait près de vous?

Vous étiez seuls tous deux ! De tels soupçons, je pense,
Ont mieux, pour s'appuyer, qu'une simple apparence ?

DONE INEZ, agitée.

Ce courroux simulé ne m'aveuglera pas.

DON LOUIS.

Il était avec moi. Sanche, parlez plus bas !

(A Inez.)
Et vous, vous nous perdez...

DON SANCHE.

Cessez ce jeu, mon père !
Mon bonheur, mon honneur, sont au fond du mystère.
De tant d'obscurités le peu que j'entrevoi
Me donne trop sujet d'en chercher le pourquoi.
Claudia pâle, froide, et, contre sa coutume,
N'ayant pas un seul mot de haine ou d'amertume ;
Done Inez effrayée, et mon pressentiment
Me découvrant son fils sous tout ce mouvement...
Monsieur, on me trahit, l'évidence le prouve !
Où donc est don Juan ? enfin, que je le trouve !
Ne semblerait-il pas qu'il a peur de me voir ?

CLAUDIA, se jetant au-devant de lui.

Don Sanche, où courez-vous dans un tel désespoir ?

SCÈNE IX.

DONE INEZ, CLAUDIA, DON SANCHE, DON LOUIS, DON JUAN.

DON JUAN.

(A don Sanche.)

Vous semblez étonnés?... et vous fort en colère?...
Ne puis-je vous parler quelques instants, mon frère?

DON SANCHE, surpris.

Vous, monsieur !.

DONE INEZ, à don Juan.

Oh! sortez, ne restez pas ici!

DON LOUIS.

Dans tout autre moment vous viendrez !

DON JUAN.

Vous aussi?

Que se passe-t-il donc, mon père?

DON LOUIS, bas, à don Juan.

Sur mon âme,

Vous êtes fou, monsieur?

DON SANCHE, à Claudia, avec emportement.

Du moins, sortez, madame!

DON JUAN, à don Louis, rapidement et à voix basse.

Si vous ne voulez pas me laisser avec lui,
Je vois bien, en effet, poindre pour aujourd'hui
Un malheur, et, que sais-je! un meurtre dont je tremble...

Mais, si vous consentez à nous laisser ensemble,
Je suis sûr, je réponds de tout accommoder.

DON LOUIS, de même.

Du tact et du sang-froid peuvent seuls vous aider.

DONE INEZ.

Suivez-moi sur-le-champ, mon fils!

DON JUAN.

Je sais à peine
Le sujet qui vous tient à ce point en haleine;
Pourtant il se pourra qu'un tranquille entretien
Réduise en un moment tant de frayeurs à rien.

CLAUDIA, à part, amèrement.

Il pense l'abuser!...

DONE INEZ.

Oh! don Louis, que faire?

DON JUAN, avec douceur.

Quoi! ne puis-je donc pas rester avec mon frère?

DON LOUIS.

Don Sanche, soyez homme, et craignez qu'un soupçon...

DON SANCHE.

Pour garder mon honneur, j'écoute ma raison.
Mon père, laissez-nous!

SCÈNE X.

DON SANCHE, DON JUAN.

DON SANCHE.

Monsieur, je vous écoute!

DON JUAN, souriant.

Dans l'antre du lion je me suis mis?

DON SANCHE.

Sans doute.

Et si votre dessein était de me tromper...
Vous risqueriez beaucoup.

DON JUAN.

Je ne puis échapper,

En tout cas; et je vois pendre à votre ceinture
Un poignard de Tunis qui fait grande figure.
Vous n'en croirez que mieux mes discours... qui sont vrais
D'ailleurs.

DON SANCHE.

Fort bien!

DON JUAN.

On dit, à mes très-grands regrets,

Que j'aime Claudia. N'est-ce point votre idée?

DON SANCHE, amèrement.

Vous direz, à coup sûr, qu'elle n'est point fondée.

DON JUAN.

Les preuves sont, je crois, qu'on m'a surpris rêvant

Au pied de son balcon, que j'y reviens... souvent ;

Que j'ai même une fois entr'ouvert la fenètre ;

Je pense que c'est tout ; mais j'en passe peut-être ?

DON SANCHE, avec impatience.

Bien !

DON JUAN.

Je ne cherche pas à nier tout cela.

DON SANCHE, avec colère.

Pourquoi le faites-vous ?

DON JUAN.

Pourquoi?

DON SANCHE.

Parlez !

DON JUAN.

Voilà !

Un hommage indirect s'adresse à votre femme ;

Le voir et le souffrir, sans mériter le blàme,

C'était chose impossible. Et, d'un autre côté,

Je craignais votre cœur, aisément exalté,

Oui, Sanche ! Vous avez certaine jalousie

Que vous portez plus loin qu'un satrape d'Asie ;

Et si vous aviez su ce commerce secret,

Les regards, les soupirs d'un amant... peu discret,

Ses efforts répétés pour attendrir sa belle,

Il en pouvait sortir quelque scène cruelle,

Quelque meurtre commis sans le congé du roi !...

Ayant tout bien pesé, j'ai tout gardé pour moi.

DON SANCHE.

Ainsi qu'un lévrier qui poursuit une proie,
Dont vingt gibiers divers ont traversé la voie,
J'hésite, je me trouble et ne sais où marcher...
Vous êtes innocent?

DON JUAN.

Parlons sans nous fâcher;

Je le suis.

DON SANCHE.

Le coupable?...

DON JUAN.

Ah! je dois vous le taire

Tant que vous durera cet accès de colère.
Promettez-moi... sa vie... et je vous dis son nom.

DON SANCHE.

Il est donc vrai! Trahi!... Sa vie?... Ah! cent fois non!

DON JUAN.

Vous ne saurez donc rien.

DON SANCHÉ.

J'endure le martyre!

Je te promets sa vie, et tu vas tout me dire!

DON JUAN.

C'est Perez!

DON SANCHE, hésitant.

Perez?... Non! cela ne se peut pas...

6

DON JUAN.

Vous me surprenez fort ; où donc est l'embarras ?
Perez, toujours près d'elle et prétextant l'étude,
Quand nous voulons sortir, demeure d'habitude.
Quelquefois Claudia descend dans le jardin ;
Perez, rouge et tremblant, s'y rencontre soudain...
La nuit, lorsque tout dort, je l'entends qui se lève...
Il sort... je l'ai surpris... je l'ai surpris !...

DON SANCHE.

Achève !

DON JUAN.

Je ne sais rien de plus, mais crois, en vérité,
D'après ce que j'ai vu, qu'il peut être écouté.

DON SANCHE, se parlant à lui-même.

Pourquoi douter ? Qu'importe à ma juste vengeance,
Puisque je suis trahi ? Je le sentais d'avance.
Perez ou don Juan, il n'importe, après tout,
Quand l'indignation efface le dégoût !
Ah ! je le punirai, certes, avant l'aurore,
Ce manant qu'on nourrit et qui vous déshonore !
Il sentira ma dague au milieu de son front ;
Il saura ce que c'est que de me faire affront.
— Don Juan, par le nom que nous portons ensemble,
Donnez-moi vos conseils ; mon sein bat, ma main tremble ;
Mes yeux, noyés de pleurs, s'éteignent, et mon cœur
S'enivre et s'affaiblit de l'excès du malheur.

Frère, que pensez-vous qu'il me faille entreprendre?....

DON JUAN.

Sans doute , je voudrais rester pour vous défendre
Et mener prudemment, plus prudemment que vous,
Les desseins trop ardents d'un généreux courroux ;
Mais je pars !

DON SANCHE.

Vous partez?...

DON JUAN.

Cette nuit.

DON SANCHE, avec insistance.

O mon frère !

Demeurez un seul jour !

DON JUAN.

Je ne puis vous complaire.
Mon équipage est prêt, et j'ai fait mes adieux.

DON SANCHE.

(A part.)   (Haut.)

Il est sincère!... Eh bien! demeurez , je le veux !
Je dirai que c'est moi qui , pour de justes causes,
Vous retiens cette nuit. Que tristes sont les choses,
Don Juan, qui m'ont fait connaitre votre cœur !
Je nourrissais pour vous une injuste froideur,
Mon frère !...

Il lui prend la main.

DON JUAN.

Vous aviez des soupçons bien frivoles !

Un peu d'étourderie apporté des écoles,

Quelque propos en l'air, méchamment colporté,

Vous avaient contre moi bien à tort irrité.

DON SANCHE.

Juan, pardonnez-moi. Quand vous saurez, mon frère,

Ce que c'est que d'aimer seul et sans pouvoir plaire;

Quand, mettant de côté la fierté de l'époux,

Vous aurez demandé l'amour à deux genoux,

Et vu, pour vous tirer d'un douloureux délire,

Des yeux froids, méprisants, clairement vous maudire;

Qu'interrogeant parfois le fond de votre cœur,

Vous pourrez avouer qu'une telle rigueur

N'était point méritée, et que c'est faute extrême

Qu'on n'aime pas toujours celui-là qui vous aime;

Lorsque, dans vos tourments, vous verrez, un beau jour,

Quelque imprudent faquin jouir de cet amour

Que posséder était votre seule espérance,

Juan, vous comprendrez qu'on songe à la vengeance,

Et comment il se fait qu'on oublie à la fois

Vertu, devoir, honneur... les plus divines lois!

Dieu m'a quitté, mon frère!... Il n'est plus, dans le monde,

De moyen de sortir de ma chute profonde.

Quelquefois, et je suis dans un de ces moments,

J'entrevois la lueur de meilleurs sentiments.

Je sens que je pourrais, en fuyant cette femme,

—Qui me rend fou, cruel, tranchons le mot... infâme!—

Je pourrais retrouver, dans un obscur couvent,

Ce repos que mon cœur regrette si souvent!...

Dieu, prends pitié de moi! Dieu, donne-moi ta force!

Oh! je suis faible et mou sous cette dure écorce.

Il cache sa tête dans ses mains.

DON JUAN.

Ainsi nous pardonnons les amours de Perez?

DON SANCHE, vivement.

Où se cache-t-il donc?

DON JUAN.

Il est là, tout auprès,

Rôdant, sans se gêner, autour de sa maîtresse.

DON SANCHE.

Oh! non pas! mais autour d'une mort vengeresse!

SCÈNE XI.

DON JUAN, LÉPORELLO.

DON JUAN, appelant.

Holà, Léporello! tu vas préparer tout;

Nous sommes les vainqueurs, leur prudence est à bout.

Perez n'est plus à craindre; il a beau dire ou faire,

Il ne peut se tirer des griffes de mon frère

Avant une heure ou deux, et toutes ses raisons

Ne l'éclaireront point à propos. Agissons!

Je ne pars pas ce soir... Au milieu de la fête,

J'emmène Claudia... Tu m'entends?...

LÉPORELLO.

Quelle tête!

Claudia?... l'emmener? Dans son appartement
Elle est barricadée, et, juste en ce moment,
J'allais pour y rôder, quand, le diable m'emporte!
Sa soubrette Pilar a verrouillé la porte.

DON JUAN.

Enfermée!

LÉPORELLO.

Enfermée!

DON JUAN.

Elle n'en veut sortir?

LÉPORELLO.

Je pense qu'on le peut affirmer sans mentir.

DON JUAN.

Ainsi, je manquerais le succès de ma ruse?

LÉPORELLO.

J'en ai peur.

DON JUAN.

Mon valet est un sot qui s'abuse.
Je tiens un bon moyen d'arriver malgré tout.

LÉPORELLO.

Monsieur vient d'inventer quelque passe-partout?

DON JUAN.

Tu le dis : un terrible, et dont une âme éprise
Est seule autorisée à tenter l'entreprise.

SCÈNE XII.

DON JUAN, LÉPORELLO, DONE INEZ, DON LOUIS.

DONE INEZ.

Nos convives sont là. Je sais tout, mon enfant !
Dans vos plus grands écarts votre âge vous défend.
Pourtant vous partirez, dès qu'on le trouve sage,
Mais avec moi ; je veux être de ce voyage.

DON JUAN, lui baisant la main.

Vous m'en voyez charmé !

LÉPORELLO, à part.

Cela n'est pas très-clair !

DON JUAN.

Aucun événement ne m'eût été plus cher.

DON LOUIS.

Puisque tout a cessé de nous troubler la tête,
Que vous devez rester pour jouir de la fête,
Allons dans les jardins retrouver nos seigneurs.
Déjà les violons rassemblent les danseurs,
Et, comme un firmament prodigue de ses astres,
Les tables des joueurs s'étoilent de piastres.
Venez ! Et si, demain, vous partez... pour longtemps,

Vous laisserez du moins tous vos amis contents.

DON JUAN, bas à Léporello.

Suis-moi. Je te dirai mon projet tout à l'heure.

(A done Inez.)

Madame , votre main !

LÉPORELLO , à part.

C'est le diable , ou je meure !

Ils sortent par la porte du fond, qui, en s'ouvrant, laisse voir la foule de conviés dans un vaste salon.

FIN DU DEUXIÈME ACTE.

ACTE TROISIÈME.

Un parc; sur le devant, et tenant toute la largeur de la scène, une colonnade avec des lustres suspendus au plafond; à droite, une table de jeu;
des groupes d'hommes et de femmes se promènent dans les allées et
viennent jusque sous la colonnade; dans le fond, au-dessus des arbres,
on aperçoit une partie du palais illuminé.

SCÈNE I.

DON SANCHE, PEREZ, arrivant par la droite.

DON SANCHE.

En agissant ainsi, quel était son projet?
De se venger de vous croit-il avoir sujet?

PEREZ.

Dès longtemps, monseigneur, ma présence le gêne.
Je sais trop ce qu'il vaut; pour cette âme hautaine,
C'est un constant motif de me vouloir du mal.
D'ailleurs, en nous prenant dans ce piége infernal,
Il veut gagner du temps. Peut-être que cette heure
De dona Claudia lui livre la demeure!

DON SANCHE.

Impossible, Perez. Soit qu'un tardif remords
Combatte dans son cœur de moins nobles transports,

Soit que la peur l'ait prise, et qu'elle en soit vaincue,

Claudia se renferme et ne veut être vue.

J'ai, du reste, aposté près de l'appartement

Des braves qui sauraient l'arrêter sûrement.

PEREZ, regardant de tous côtés.

Don Sanche, prenons garde; on pourrait nous surprendre.

Écoutez cependant ce que je viens d'apprendre.

Le valet de Juan prépare trois chevaux,

Et je l'ai vu moi-même enfermer des joyaux.

DON SANCHE.

Qu'ils machinent! le temps leur manquera, j'en jure!

Le traître ne peut plus élargir ma blessure.

PEREZ.

Nous sommes mal ici, monseigneur. Ah! venez!...

On s'approche de nous, on nous guette!

DON SANCHE.

Apprenez

Que j'ai pris un parti.

PEREZ.

Lequel? Et parlez vite;

Car, s'il nous voit ensemble, il se peut qu'il l'évite.

DON SANCHE.

Ne craignez point cela; la fortune a tourné,

Et cet homme, à présent, par elle abandonné,

Est tout en mon pouvoir; bientôt, dans mon carrosse;

Jeté par mes valets, il part pour Saragosse;

Il y prendra le froc.

PEREZ.

Si l'on vient à ses cris?...

DON SANCHE.

Mon cœur est prêt à tout!...

PEREZ, effrayé.

Quoi?...

DON SANCHE.

Vous m'avez compris.

PEREZ.

Ce dessein me paraît difficile à conclure,
Car don Juan est brave, armé; sa main est sûre:
C'est vous qui resterez peut-être sur le pré.

DON SANCHE.

Plût au ciel que ce fût! j'y suis trop préparé
Par le dégoût profond des choses de la terre.
Négligé de chacun, mal aimé de ma mère,
Haï de Claudia.... Que dis-je encor? haï?
Peut-être, oh! oui, sans doute, indignement trahi.
Mon malheur est au comble et ne saurait s'accroître,
Et je n'ai qu'à choisir de la tombe ou du cloître.

PEREZ, vivement.

Voici Léporello!

DON SANCHE, distrait.

Nous en viendrons à bout,

Et je compte sur toi!

PEREZ.

Je vous suivrai partout !

SCÈNE II.

LÉPORELLO , couvert d'un domino et masqué.

Pauvre Léporello ! dans quelle bourbe épaisse
Te pousse en ce moment la Fortune !... O traîtresse !
Moi qui n'aime, ici-bas, qu'un aimable loisir,
Le jour à boire frais, la nuit à bien dormir,
N'avoir rien à songer quand j'ai fait mon ouvrage ,
Me voilà naviguant au milieu d'un orage !
Oui, monsieur don Juan, vous êtes mon seigneur !
Mais je vais vous quitter, si j'en trouve le cœur ;
Car mon affection, si grande qu'on la dise,
En me clouant à vous ferait une sottise.
Comment s'imaginer qu'un pareil libertin
Pour dona Claudia s'éprendrait un matin ;
Puis, lui faisant la cour d'une façon nouvelle,
La forcerait d'aller s'emprisonner chez elle ;
Enfin, pour désarmer sa rigide vertu,
En viendrait à brûler le palais?... Où vas-tu,
Pauvre Léporello?... serait-ce à la potence ?

SCÈNE III.

LÉPORELLO, DON JUAN, DAMES ET SEIGNEURS en costume
de bal et masqués.

UNE DAME MASQUÉE.

Ainsi, de vous charmer vous m'ôtez l'espérance?

DON JUAN.

Madame, hier encor, j'eusse été trop heureux

De vous livrer mon cœur en otage amoureux.

Des yeux aussi charmants, une bouche ainsi faite,

Eussent bien expliqué sa facile conquête ;

Aujourd'hui je ne puis, car ce cœur est donné.

Les masques s'approchent de la table de jeu où plusieurs prennent place ;
don Juan va à Léporello, qui se tient les bras croisés dans le coin du
théâtre à gauche.

DON JUAN.

Le feu ne parait pas, et j'en suis étonné.

LÉPORELLO.

Ce sont les pèlerins nourris par votre frère

Qui daignent s'employer à cette belle affaire?

DON JUAN.

De les persuader j'eus fort peu l'embarras,

Et tout me fut offert pour quatre cents ducats.

LÉPORELLO, levant les épaules.

Ma foi, si leurs tisons valent leurs patenôtres,

Il vous faudra, monsieur, vous adresser à d'autres.

UN SEIGNEUR.

Venez-vous, don Juan? nous commençons le jeu.

DON JUAN, se retournant à demi.

(A Léporello.)

Oui, commandeur, je viens!... Cours les presser un peu,
Car la nuit, ce me semble, avance vers son terme.
Où sont les trois chevaux?

LÉPORELLO.

Cachés près de la ferme.

DON JUAN.

Mes diamants?

LÉPORELLO, montrant à demi un coffret.

Sont là.

DON JUAN.

Va donc!

LÉPORELLO.

Quelques instants!

DON JUAN.

Que te faut-il de plus, maraud? ai-je le temps?

LÉPORELLO, hésitant.

Donnez-moi mon congé!

DON JUAN.

Tu plaisantes?

LÉPORELLO.

Mon maître,
Donnez-moi mon congé. Je suis, sans m'y connaître,

Un homme qui vous aime et qui vous veut du bien ,

En cherchant toutefois à rester bon chrétien.

Votre amour... peu louable et ce bel incendie...

Franchement l'action me semble trop hardie !

Je n'y veux point servir, de crainte que Satan...

LE COMMANDEUR.

Don Juan, nous perdons ! que diable ! on vous attend.

DON JUAN.

Pardonnez-moi , j'accours !

LÉPORELLO.

Oui, monsieur, je réclame...

DON JUAN, brusquement.

Quoi?

LÉPORELLO.

La permission de conserver mon âme !

DON JUAN.

Ton âme? Mais, faquin, crois-tu que j'aie ici

Le temps de disputer? Ton âme? la voici !

Il lui jette sa bourse , et va à la table de jeu.

LÉPORELLO , prenant la bourse.

Monsieur Léporello, vous êtes un indigne,

Et qui finirez mal ; si l'on veut, je le signe !...

Allons d'un grand malheur hâter l'événement.

SCÈNE IV.

LES MASQUES, DON JUAN.

Tandis que don Juan prend les dés et le cornet, et qu'il joue, UN MASQUE se détache lentement du groupe et va hors de la colonnade regarder le ciel; puis il dit :

Le temps est lourd. Le vent s'élève grandement.
Un orage effroyable approche, et dans les nues
On sent vibrer le choc de forces inconnues.
Quand le matin viendra, les arbres dépouillés
Fléchiront vers la terre, hideusement souillés;
Les ruisseaux, débordés et cherchant des abîmes,
Peut-être dans leurs eaux rouleront des victimes;
Enfin le jour naissant demain va découvrir
Des malheurs qu'on ne peut deviner sans frémir.

(Éclair.)

LE COMMANDEUR, à don Juan.

Un masque vient à vous! Vous avez trop d'affaires!

UNE DAME.

Toujours les amoureux vivent dans les mystères!

SCÈNE V.

LES MASQUES, DON JUAN, DONE INEZ, masquée.

DONE INEZ, à don Juan, bas et avec précipitation.

J'ai besoin de vous dire un mot!

DON JUAN, continuant à jouer.

C'est?

DONE INEZ.

Levez-vous !

Trop d'écouteurs sont là, les yeux fixés sur nous.

(Elle l'entraîne à part.)

Don Juan, prenez garde, on veut vous faire injure !

(Levant son masque.)

Ne riez pas, mon fils, votre mère en est sûre.

DON JUAN.

M'insulter ?

DONE INEZ.

Gardez-vous de votre gouverneur !

DON JUAN.

C'est un plaisant rival ! Vous êtes dans l'erreur,
Madame, il n'aurait pas la force de me nuire.

DONE INEZ.

Dans un couvent lointain on prétend vous conduire ;
Don Sanche avec Perez s'est uni contre vous ;
Ils ont armé les gens du château !... Cachez-vous !
Oui, cachez-vous ! Je cours prévenir votre père.

DON JUAN, revenant s'asseoir à la table de jeu.

Allez ! — Ce feu maudit va paraître, j'espère ! —
Jouez donc, commandeur, vous tenez le cornet.

UN CAVALIER, se renversant sur son tabouret.

Encor mille ducats de perdus ! Ah ! tout net,

7

Don Juan, vous avez un pacte avec le diable.

Vous gagnez à tout coup!

DON JUAN.

Le jeu m'est fort aimable!

SCÈNE VI.

DON LOUIS, DON JUAN, LES MASQUES.

DON LOUIS.

Le feu! tout le palais est en flamme! Au secours!

LES MASQUES, se levant.

Le feu!... Que dites-vous?

DON LOUIS.

Il a pris dans les cours!

S'il dure, il aura tout dévoré dans une heure.

Ah! messieurs, aidez-nous à sauver ma demeure!

UN CAVALIER.

Le feu! c'est à coup sûr un horrible accident!

DON LOUIS.

Suivez-moi!

DEUXIÈME CAVALIER.

Quelque tour d'un valet imprudent!

TROISIÈME CAVALIER.

Pendant que nous parlons, le mal fait du ravage!

DON LOUIS.

Oui, je n'ai plus d'espoir que dans votre courage.

PREMIER CAVALIER.

Mesdames, c'est le feu ! Mais qui peut l'avoir mis ?

DON LOUIS.

Allons, seigneurs ! courons !

DON JUAN.

Hâtons-nous, mes amis !

SCÈNE VII.

Tonnerre et éclairs; lueurs de l'incendie.

DON JUAN.

Parais donc, incendie, à ma voix qui t'appelle !
Dévore mon palais ! monte, éclate, étincelle !
Par toi, triomphe, amour, plaisir, tout m'est donné,
Et je vois à mes pieds le succès prosterné.
Ah ! ma soif de bonheur sera donc satisfaite !
Nul désir n'étreint plus ni mon cœur ni ma tête ;
Et, dans les bras ouverts de celle que je prends,
Je n'ai plus qu'à jouir !

Il sort en courant.

SCÈNE VIII.

PEREZ, DON SANCHE.

DON SANCHE, entraînant un pèlerin.

Infâmes mécréants,
Que vous a-t-il donné ?

LE PÈLERIN.

Je ne puis vous le dire.

DON SANCHE, tirant son épée.

Tais-toi donc, et péris !

LE PÈLERIN.

Quelques ducats, messire.

DON SANCHE.

Quels projets avait-il? Qu'avait-il résolu?

LE PÈLERIN.

Seigneur, je ne sais rien!... Non. J'aurais bien voulu
Qu'il me l'eût dit; alors je l'aurais dit de même.

DON SANCHE.

Chien, tu mens !

LE PÈLERIN.

Par Jésus... votre Sauveur !

DON SANCHE.

Blasphème,
Détestable damné, mais parle !

LE PÈLERIN.

Assurément,
J'ai perdu la mémoire.

DON SANCHE, levant son épée.

A tout événement,
Tiens!

PEREZ, retenant le bras de don Sanche.

(Au pèlerin.)

Arrêtez, seigneur !... On te donne la vie,

Si tu dis quelle route il peut avoir suivie.

LE PÈLERIN.

Seigneur, vous craignez Dieu; je vois, à vos façons,
Que vous profitez bien des chrétiennes leçons ;
Aussi, soyez-en sûr, j'ai pour vous de l'estime...

(Voyant don Sanche s'avancer vers lui.)

Je parle !... Le seigneur pour qui j'ai fait le crime...

DON SANCHE, hors de lui.

Par la mort du Sauveur, tu te railles de moi !

LE PÈLERIN.

Je m'en garderais bien. Le respect que je doi
Est trop, en traits de feux, incrusté dans mon ame!

PEREZ.

Quel chemin a-t-il pris?

LE PÈLERIN.

Celui de Notre-Dame...

D'Atocha.

PEREZ.

Comment donc! s'éloignant du palais?

DON SANCHE.

Nous perdons notre temps. Rassemblons nos valets;
Le traître serait-il devant la sainte table,

(Saisissant le pèlerin.)

Il est mort!... Et pour toi!...

PEREZ, lui retenant le bras.

Laissez ce misérable!

(Le pèlerin s'enfuit.)

DON SANCHE.

Ah! oui, j'ai soif de sang!... Si je ne trouve rien,
Il m'en faut, il m'en faut, et je prendrai le mien !

SCÈNE IX.

Le théâtre reste vide un instant; l'orage s'est un peu éloigné ; cependant
quelques éclairs brillent encore; don Juan paraît entraînant Claudia ,
vêtue d'une robe blanche et les cheveux dénoués; ils sortent de l'allée qui
fait face à la colonnade; Claudia vient tomber sur un fauteuil à côté de
la table; le lustre est éteint.

DON JUAN , CLAUDIA.

DON JUAN , à genoux devant elle, et lui pressant les mains.

Tu m'appartiens enfin ! tu n'es plus à mon frère ,
Au monde, à ces devoirs dont chacun m'exaspère;
Non, tu n'es plus qu'à moi! Trouve encor, mon amour,
La force de marcher, car j'aperçois le jour.
Lève-toi, Claudia! Partons, je t'en conjure...
Va, je saurai te faire oublier mon injure.

CLAUDIA , accablée.

Je ne t'accuse pas, je ne me plaindrai plus ;
Je sens trop que mes pleurs deviennent superflus.
Des cris!... j'entends leurs cris, et leur foule éperdue
Passe devant mes yeux!... Juan, tu m'as perdue!
Que feras-tu de moi? Laisse-moi donc sortir !
Je te hais!... A quoi bon? le temps du repentir
Est passé. Je succombe à l'excès de ma faute.

DON JUAN.

Comment! tant de faiblesse en une âme si haute?

Penses-tu que l'amour d'un cœur tel que le tien,

Quand on veut l'arracher, puisse ne coûter rien?

Deux crimes m'ont conduit... j'en ferais mille encore

Afin de te garder... Le sais-tu? je t'adore.

CLAUDIA.

Que résoudre à présent?...

DON JUAN.

Que résoudre, dis-tu?

Mais la force d'aimer n'est donc pas ta vertu?

Que résoudre?... Sais-tu ces plaisirs que l'histoire

A peints si dévorants qu'à peine on peut y croire?...

Moi, je t'en veux créer de plus ardents encor!

Dans nos palais de marbre et sous des lambris d'or,

Je te veux convier à des fêtes royales.

Danses qu'exciteront les mauresques cymbales,

Festins où la raison, froide et si loin du ciel,

S'endormira livrée aux vins de l'Archipel;

Promenades sur l'eau, nocturne sérénade,

Tout ce que l'Alhambra vit jadis à Grenade;

En un mot, les bonheurs éclos jusqu'à l'excès;

Ceux que Sardanapal, Sémiramis, Xerxès

Passent pour avoir eus; enfin, ceux que la bouche

Appelle, quand on vient à tomber sur ta couche,

Enivré de désirs et pantelant d'amour...

Voilà ce qui, pour toi, remplira chaque jour.

CLAUDIA.

Le ciel va s'écrouler sur son indigne ouvrage!

DON JUAN.

Qu'il tombe, s'il le peut, sur mon front, qui l'outrage!
Mais viens; dérobons-nous aux regards curieux;
Un coin du Milanais nous verra trop heureux.
Partons! quelques valets n'auraient qu'à nous surprendre..

CLAUDIA.

Non, je resterai là! Je ne veux pas t'entendre.
Laisse-moi; je sens bien que le ciel en courroux
Demande une victime et s'acharne sur nous.
Il a glacé mon cœur, il me reprend ma vie...

DON JUAN.

Tu sembles à grand'peine appeler la folie!
Brave donc un instant ces dangereux remords,
Fantômes qui fuiraient devant quelques efforts!
Reprends là, sur mon cœur, la force qui te quitte.
En restant, tu nous perds... Oh! relève-toi vite!
Vois! déjà des flambeaux brillent dans le hallier...
On nous cherche, sortons! N'entends-tu pas crier?...

On entend un murmure sourd dans le lointain.

CLAUDIA.

Je veux mourir ici!

DON JUAN.

Claudia, mon idole,

Écoute seulement, écoute une parole !

Notre amour, si tu veux, peut changer mon destin.

Tu ne peux deviner que, depuis ce matin,

J'ai senti dans mon cœur un mouvement étrange.

Si pour t'avoir je suis descendu dans la fange,

Si tout ce que j'ai fait est indigne de moi,

J'en peux sortir encor, mais seulement pour toi !

Peut-être qu'en tes bras cet esprit indomptable

Qu'on reproche à Juan deviendra malléable...

Peut-être que n'ayant reçu que du bonheur,

Pour les hommes, pour Dieu je deviendrai meilleur ;

Mais, si tu veux qu'un jour le monde me bénisse,

Il faut en ce moment te montrer ma complice ;

Il faut prendre courage ; il faut, sans plus tarder,

Me suivre !

Le bruit approche.

CLAUDIA, se levant avec exaltation.

C'en est fait ! Je ne peux plus céder ;

Mon crime s'expira, je n'aurai point de grâce...

Don Juan, don Juan, qu'une morte t'embrasse,

Et que tous les malheurs qu'on invoque pour toi

Passent loin de ton front et retombent sur moi !

SCÈNE X.

DON LOUIS, DON JUAN, CLAUDIA, conviés, domestiques.

Le jour commence à poindre, et la scène est éclairée par les torches que
portent les valets.

DON JUAN, avec colère.

Qui vient là? Passez outre, et passez en silence!
Sortez, dis-je, ou sinon que toute ma vengeance!...

DON LOUIS.

Pourrais-tu faire plus que tu n'as déjà fait?
Saurais-tu rencontrer un plus lâche forfait,
Même si tu venais t'attaquer à ton père?

DON JUAN.

Si vous savez si bien tout ce que j'ose faire,
Mon père, croyez-vous m'effrayer par un mot?
Soyez sage, monsieur, sortez! ou, s'il le faut...
Ma lame dans ton sein entre jusqu'à la garde!

DON LOUIS.

Je le prends à témoin, ce Dieu qui nous regarde!

(Des serviteurs traversent le fond du théâtre lentement et sans s'arrêter;
ils portent sur une litière le corps de donc Inez.)

Oui, devant ces lambeaux mutilés par le feu,
Devant ce cœur aimant dont il reste si peu,
Et qui n'eut d'autre tort qu'un excès de faiblesse
Pour celui qu'on nommait l'enfant de ma vieillesse;
Devant le corps sanglant de ta mère!... Ah! frémis!

C'est toi qui sur son corps fis crouler nos débris!

Oui, j'en prends à témoin Dieu, qui hait le perfide,

Don Juan assassin, don Juan parricide,

Je te maudis!

Il sort, suivi de la foule. Don Juan, après un moment de stupeur, redresse
fièrement la tête ; Claudia, qui s'est levée avec égarement à la malédiction
de don Louis, est debout devant le fauteuil ; don Sanche se tient appuyé
contre une des colonnes du fond, à gauche.

SCÈNE XI.

DON SANCHE, DON JUAN, CLAUDIA.

DON JUAN.

Enfin, je suis hors d'embarras!

Cependant j'ai frémi... Je ne me comprends pas!

Eh! que me fait à moi leur joie ou leur détresse?

Ne suis-je pas vainqueur? n'ai-je pas ma maîtresse?

Tout ce qu'ils pouvaient faire est fait, et mon bonheur...

DON SANCHE, s'avançant vers Claudia.

Je viens pour vous parler...

DON JUAN, furieux.

Sortez de cette erreur!

Le colloque serait de trop courte durée.

Votre épée au combat sans doute est préparée?...

Sans tarder, montrez-la!

CLAUDIA.

Taisez-vous tous les deux!

Sanche, laissez-moi dire un seul mot, si je peux.

Je ne chercherai point à détourner la foudre.

Mes remords ont jeté mon orgueil dans la poudre ;

Ma faute m'a brisée, et, devinant mon sort,

Je l'avoue à vos pieds, j'ai mérité la mort.

Mais si je connais bien votre exacte justice,

Sanche, contentez-vous d'ordonner mon supplice ;

Votre frère, en mourant, périrait tout entier !

Les enfers s'ouvriraient pour cet esprit altier !

Grâce !... non pas pour lui, mais grâce pour son âme !

DON SANCHE.

Qui le protége ainsi?... sa maîtresse et... ma femme !

On lui veut épargner les tourments des enfers?...

Ici-bas cependant moi je les ai soufferts !...

Ne le croyez-vous pas, ou bien êtes-vous folle?...

La mort? En ai-je dit une seule parole?

Pourquoi vous hâtez-vous d'oser me définir?

DON JUAN.

Sanche Tenorio, devons-nous en finir?

DON SANCHE.

Tenez, puisque tous trois le hasard nous rassemble,

Nous pouvons une fois nous expliquer ensemble...

Taisez-vous, don Juan ; vous parlerez après !...

(Don Juan se jette dans le fauteuil à droite, observant tous les mouvements
de don Sanche.)

Vous m'avez torturé sans honte et sans regrets ;

Tous deux m'avez trompé, m'avez déchiré l'âme ;

Et l'un était mon frère, et l'autre était ma femme!
Pourtant vous ne pouviez vous plaindre de mon cœur,
Avouez-le!... Du reste, en son injuste humeur,
Ma mère... le Sauveur daigne avoir pitié d'elle!
A son tour me jugeait d'une façon cruelle...
Depuis que je suis né, vous savez tous les deux
Qu'on ne me compte point au nombre des heureux.
Dieu pour moi fut sévère...

CLAUDIA.

Il est trop vrai, don Sanche,
Vous devez, vous allez prendre votre revanche.
Pour que je vive encor vous avez trop d'honneur.
Pardonnez!... Je pardonne.... Et frappez sans frayeur.
Mon expiation est à peine assez grande!...
Entre vos mains, Jésus, mon cœur se recommande!
Adieu, Sanche.

DON SANCHE.

Aveuglé par un pareil transport,
Sitôt que mon épée aura rendu la mort
A tes maux secourable, il faudra que j'emporte
La douleur de te voir me quitter de la sorte?...
Sais-tu que je t'aimais et que je sens encor
La ferme volonté de garder mon trésor?
Que m'importe après tout le monde et ce qu'il pense...
Ou bien le dur plaisir qu'on prête à la vengeance?
Que me fera ton sang, moi qui voudrais verser

Lentement tout le mien pour oser t'embrasser?
Claudia! Claudia! comprends-moi, je pardonne!
Fuyons dans un désert d'où n'approche personne.
Oui, viens, mon âme éclate, et tout ce que je veux,
C'est de te voir encore et tâcher d'être heureux.
Je n'examine point si c'est chose possible;
Il le faut! il le faut!

DON JUAN, se levant.

La prière est risible!
Cette femme est à moi, ne le savais-tu pas?
Apprends-le! retiens-le! L'arracher de mes bras
Serait plus hasardeux que d'endurer l'injure..
Aussi, n'y songe point, ô lâche créature!
Souffre ou meurs si tu veux, puisque tu n'as rien su
Que te faire haïr et tromper... M'entends-tu?

DON SANCHE, tirant son épée, et se précipitant sur don Juan.

Ah! démon!

DON JUAN, se mettant en défense.

Allons donc! c'est ce qu'il fallait faire
Depuis une heure au moins!

CLAUDIA, se jetant entre eux.

Ne frappe point ton frère!

(L'épée de don Juan lui traverse la poitrine.)

Ah! merci... Dans le cœur!... Mon Jésus tout parfait!...

Elle meurt.

DON SANCHE, se jetant sur le corps de Claudia.

Vous l'avez tuée!

DON JUAN pousse un cri terrible et laisse tomber son épée.

Ah!

SCÈNE XII ET DERNIÈRE.

DON JUAN, les bras pendants, les yeux fixés sur le corps de Claudia;
LÉPORELLO, d'abord derrière la scène, arrive en chantant.

LÉPORELLO.

Les alouettes

Font les coquettes

Si longtemps que dure l'été.

Voici le jour qui naît!

(Il le secoue.)

Partons-nous? Qu'est cela? Quoi! don Sanche! don Sanche!

Tout son corps se roidit, sa joue est froide et blanche...

Levez-vous, monseigneur, faites donc un effort!...

Don Juan, savez-vous que votre frère est mort?...

(A part.)

Ah! pareille action restera sans seconde!

DON JUAN, pâle et défait, passant sa main sur son front.

Ramasse mon épée... Allons courir le monde!

FIN DES ADIEUX DE DON JUAN.

RÉFLEXIONS.

Depuis que don Juan est mort,
Plus d'un penseur a fait effort
Pour définir son caractère.
Plusieurs le traitent en vaurien ;
D'autres en ont dit force bien ;
Ils auraient mieux fait de se taire.

Don Juan était un gaillard
Qui prétendait plus que sa part
Dans les plus chaudes jouissances.
Il buvait sec, il suivait peu
Les dix commandements de Dieu...
Il n'achetait point d'indulgences.

Donc Elvire était un démon
Qui faisait damner sa maison
Par son incroyable exigence ;
Et, si don Juan la quitta,

C'est qu'un jour elle souffleta
Le valet de Son Excellence.

Quant à ce fameux Commandeur,
Il trichait au jeu sans pudeur,
Comme un laquais de comédie ;
Et , s'il emporta don Juan ,
Ce fut pour avoir au brelan
Quelqu'un qui lui fît sa partie.

Mais de tous le plus dépité ,
Ce fut le diable , en vérité ,
Après cette triple conquête.
Il réclama près du Très-Haut ,
Jurant qu'il se faisait dévot
Plutôt que de leur tenir tête.

www.ingramcontent.com/pod-product-compliance
Lightning Source LLC
Chambersburg PA
CBHW060608100426
42744CB00008B/1369